Sebastian Lehmann

Das hatte ich mir grüner vorgestellt

Mein erstes Jahr im Garten

W0051713

GOLDMANN

Dieses Buch schildert meine persönliche Geschichte und beruht auf Erfahrungen, Erlebnissen und Aufzeichnungen. Es ist meine persönliche Sicht auf mein Leben und hat keinen Anspruch auf Richtigkeit oder Vollständigkeit. Die Namen sind aus Gründen der Privatsphäre geändert worden.

Sollte diese Publikation Links auf Webseiten Dritter enthalten, so übernehmen wir für deren Inhalte keine Haftung, da wir uns diese nicht zu eigen machen, sondern lediglich auf deren Stand zum Zeitpunkt der Erstveröffentlichung verweisen.

Dieses Buch ist auch als E-Book erhältlich.

MIX
Papier aus verantwor-
tungsvollen Quellen
FSC® C083411

Penguin Random House Verlagsgruppe FSC® N001967

1. Auflage
Originalausgabe, Februar 2021
Copyright © 2021 by Wilhelm Goldmann Verlag, München,
ein Unternehmen der Penguin Random House Verlagsgruppe GmbH
Neumarkter Straße 28, 81673 München
Copyright © 2021 by Sebastian Lehmann
Umschlaggestaltung: UNO Werbeagentur, München,
unter Verwendung eines Motivs von © FinePic®
Redaktion: Dr. Marion Preuß
MP · Herstellung: kw
Satz: Uhl + Massopust, Aalen
Druck und Einband: CPI books GmbH, Leck
Printed in Germany
ISBN: 978-3-442-31600-7
www.goldmann-verlag.de

Besuchen Sie den Goldmann Verlag im Netz:

Inhalt

»Berechtigte Schuldgefühle derer, die von der physischen Arbeit ausgenommen sind, sollten nicht zur Ausrede werden für die ›Idiotie des Landlebens‹.«

Theodor W. Adorno, *Minima Moralia* (1951)

»Komm vorbei in meinem Bungalow
By the rivers of cashflow
Wir trinken Soda, trinken Soda
Komm vorbei mit deinem Skoda.«

Bilderbuch, *Magic Life (2017)*

Prolog

Ein Baum fällt

Der Baum fällt. Erstaunlich langsam. Fast wie in Zeitlupe. Igor steht mit der Kettensäge in der Hand neben dem Stamm. Er trägt eine riesige Schutzbrille und sieht aus wie ein Chemiker im Labor.

Der Baum ist eine Tanne. »Ein kleener Weihnachtsbaum«, hatte unser Gartennachbar Heinz gesagt. Sonst dürfe man die nämlich ohne Genehmigung gar nicht fällen. »Dit is wegen die Grünen jetzt alles komplizierter geworden. Neulich haben die sich sogar beschwert, als ick alte Autoreifen aufm Feld verbrannt hab.«

Meine Freundin sagt immer: »Heinz erklärt die Welt.« Denn Heinz kennt sich aus. Jedenfalls jenseits von Politik.

Ich finde, die Tanne ist groß. Ein Weihnachtsbaum höchstens für einen Marktplatz. Außerdem ist es mein erster Baum. Ich habe noch nie einen gefällt. Igor leider auch nicht. Immerhin hat er vor zehn Jahren ein zweiwöchiges Praktikum bei einem Schreiner gemacht. Jetzt ist er Innenarchitekt. Mehr »Handwerker« gibt es in meinem Freundeskreis nicht.

Die Kettensäge haben wir heute Morgen im Baumarkt ausgeliehen. Das geht einfach so. Man sagt zu einem Mit-

9

arbeiter: »Ich hätte gern eine Kettensäge.« Dann bekommt man eine ausgehändigt. Keiner fragt, was man damit anstellen will. Wir könnten ja auch Serienmörder sein. Wie Holzfäller sehen wir nämlich nicht aus.

»Dit dürfen die eigentlich gar nicht mehr«, meinte Heinz. »Dafür braucht man jetzt ein Sicherheitstraining oder sowas.«

»Wegen der Grünen?«

»Bestimmt«, sagte Heinz. »Dabei is dit ganz einfach mit so einer Kettensäge.« Er sah mich an, als wäre ich ein ehemaliger Philosophiestudent, der handwerklich völlig unbegabt ist. Was ich ja leider wirklich bin.

Allerdings handelte es sich nur um eine kleine Kettensäge, stellte er dann enttäuscht fest. »Dann geht es vielleicht.«

Eine kleine Kettensäge für eine kleine Tanne.

Ich fand auch die Kettensäge ziemlich groß.

Und jetzt fällt der Baum. Igor schaut unsicher und vielleicht auch panisch zu mir.

»Der Baum wird schon nicht aufs Dach fallen, oder?«, frage ich.

»Fällt der etwa aufs Dach?«, ruft meine Freundin, die neben der Laube steht.

Vielleicht sollte sie da schnell weg. Da ruft Igor auch schon: »Schnell weg!«

Wahrscheinlich fällt der Baum gar nicht langsam. Wahrscheinlich kommt mir das nur so vor, weil wir schon den ganzen Tag auf diesen Moment hingearbeitet haben, den ganzen Sommer immer davon gesprochen haben, die Tanne zu fällen. Die macht unseren neuen Garten ab mittags schattig und scheint sowieso nicht mehr ganz gesund zu sein. Jetzt ist dieser Moment gekommen. Und der Baum wirkt fast so, als könne er sich nicht entscheiden, ob und – vor allem – wohin er fallen soll.

Auf einmal wird mir klar: Wir hätten den Baum nicht fällen sollen. Ich mag Bäume. Bäume sind entspannt und machen kein großes Aufheben um sich. Nicht so wie wir hyperaktiven Großstädter. Wir wollen einen Garten auf dem Land, um mal runterzukommen und zur Entspannung mit unseren ungeschickten Händen zu arbeiten – und dann machen wir uns doch wieder die ganze Zeit Stress: mähen Rasen, pflanzen Brombeersträucher, versuchen, unseren eigenen Honig zu imkern. Und fällen unschuldige Bäume.

Die Tanne hat uns wirklich nichts getan, die steht hier schon seit Jahren. Ist wahrscheinlich sogar älter als wir. Wir sind Eindringlinge. Wir sind es, die nicht hierhergehören.

»Ich bin noch nicht bereit dafür, einen Baum zu fällen«, rufe ich. Aber niemand hört mich. Alle starren nur gespannt auf die taumelnde Tanne.

Vielleicht bin ich noch nicht bereit für einen eigenen Garten. Ich bin nicht bereit, mir darüber Gedanken zu machen, wie man einen Baum richtig fällt, damit er nicht aufs Dach oder die eigene Freundin kracht. Ich bin auch nicht dafür bereit, ein Hochbeet zu bauen, mir einen Rasenmäher anzuschaffen oder einen Holzfußboden in der Gartenlaube zu verlegen. Ich bin nicht bereit, Tulpenzwiebeln zu vergraben, Zucchini zu ziehen und Schmetterlingsflieder anzupflanzen.

Wir hätten uns keinen Kleingarten kaufen sollen. Weit draußen vor den Toren der Stadt. Auf dem platten Land, wie es so schön und vor allem zutreffend heißt. Wir hätten den Sommer in unserer gemütlichen Altbauwohnung in Berlin verbringen und ein paar Tomaten auf unserem schmalen Balkon anbauen sollen, statt 400 Quadratmeter Wildnis zu zähmen.

Jetzt ist es zu spät.

Jetzt fällt der Baum.

Raus aus der Stadt

Ein dicker Mann in orangefarbener Weste und mit gelbem Helm auf dem Kopf steht in meinem Zimmer. Er grinst mich an, holt einen Presslufthammer hinter seinem Rücken hervor und beginnt, meinen Schlafzimmerboden zu presslufthammern. Es ist unfassbar laut. Ich halte mir die Ohren zu, aber es hilft nichts, es hört sich an, als würde ein Hubschrauber direkt neben mir im Bett landen. Trümmer und Steine fliegen umher. Ich verkrieche mich unter meine Decke, denn es kommen immer mehr Männer mit Presslufthämmern ins Zimmer gestürmt. Eine Teerwalze fährt durch die Tür.

Ich wachte auf. Meine Freundin war schon wach. Sie stand neben mir im Bett und trug keinen gelben Helm. Und hatte zum Glück auch keinen Presslufthammer in der Hand.

Es war trotzdem laut.

Sehr, sehr laut.

LAUT. LAUT. LAUT.

Plötzlich Stille. Sofort entspannte ich mich und schloss die Augen. Ich brauche nach dem Aufwachen immer eine gewisse Zeit, bis ich klar denken kann. So etwa drei Stunden. Die Schulzeit war problematisch für mich. Vor allem, wenn wir in der ersten Stunde, die um 7.50 Uhr begann, eine Klausur schrieben. Ich hatte damals mit dem Gedanken gespielt, einfach nicht ins Bett zu gehen, damit ich am Morgen nicht so erschöpft war. Nie fühle ich mich so erschlagen wie direkt nach dem Aufwachen. Egal, wie lange ich geschlafen habe. Und wenn ich nach dem Aufwachen nicht sofort aufstehe, dann schlafe ich auch gleich wieder ein...

Der Lärm begann von neuem. Noch lauter. NOCH LAUTER. Ich riss meine Augen auf. Meine Freundin wirkte genervt. Das erkannte ich daran, dass sie sich die Haare raufte. Wahrscheinlich sagte – oder eher: schrie sie auch etwas, doch der Lärm verschluckte alles.

Dann wieder Stille.

»Ich kann nicht mehr.« Sie ließ sich neben mich aufs Bett fallen.

»Wie viel Uhr ist es?«, fragte ich.

»7.50 Uhr.«

War das immer noch ein Traum? Musste ich jetzt gleich in die Schule und zum tausendsten Mal eine Matheklausur schreiben, bei der ich nicht einmal die Aufgabenstellung verstand? Noch Jahre nach meiner Schulzeit träumte ich davon. Immer wieder Matheklausuren.

Schon wieder wurde ich müde, ich schloss meine Augen und...

»Sebastian«, rief meine Freundin. »Sie kommen immer näher.«

Sie meinte die Baustelle. Hinter dem Haus klaffte ein riesiges Loch, es sah aus, als wäre eine Meteorit eingeschlagen. Fünf neue Mietshäuser sollten gebaut werden. Wir leben zwar in einer Zeit, in der Ärzte mit winzigen computergesteuerten Roboterärmchen ein künstliches Herz einpflanzen, doch ein Haus baut man immer noch, indem man den Boden mit Baggern aufreißt und danach sehr viel hämmert. Gern auf Metall. Manchmal rammt auch ein Gerät, das aussieht wie ein Freefalltower auf der Kirmes, riesige Metallröhren in den Boden. Dann zitterte bei uns auf dem Küchentisch der Kaffee in der Tasse wie beim Angriff der bösen Dinos in *Jurassic Park*.

Jeden Morgen um halb sieben ging es los. Bis acht Uhr abends. Am Samstag nur bis vier Uhr nachmittags. Dann begann auch schon bald die Party in der WG über uns. Und die feierten meistens bis Montagmorgen um halb sieben.

Berlin stresst mich. Das liegt nicht in erster Linie an Berlin, sondern vor allem an mir. Ich werde alt, ich will meine Ruhe. In zwei Jahren werde ich 40. VIERZIG. Das klingt surreal. Ich kann mich noch gut an die Zeit erinnern, als bei Aldi mein Ausweis verlangt wurde, wenn ich Wodka kaufte. Das muss vor etwa drei Wochen gewesen sein. Dabei trinke ich eigentlich gar keinen Wodka mehr. Höchstens einen schottischen Highland Gin. Oder eine kleine Flasche Craft Bier mit Litschi-Mangold-Geschmack, die doppelt so viel kostet wie ein Liter Wodka.

Meine Freundin und ich kommen aus verschiedenen süddeutschen Kleinstädten. Wir haben uns in Berlin kennengelernt, wo wir beide zum Studieren hingezogen sind. Klassisch. »Nervig« würden eingeborene Berliner sagen.

In Berlin habe ich tatsächlich erstmal nur Süddeutsche und seltsamerweise sehr viele Ostwestfalen getroffen. Es dauerte etwa ein Jahr, bis ich mich mit einem echten Berliner anfreundete. Und der kam aus Spandau. Irgendwie zählte das nicht so richtig. In Spandau sieht es schließlich nicht viel anders aus als in einer süddeutschen Kleinstadt.

Während unserer behüteten Kleinstadtjugend sehnten meine Freundin und ich uns nach Berlin. Dort wartete das

WAHRE LEBEN auf uns. So stellten wir es uns vor. In unseren Kleinstädten dagegen herrschte Ruhe, Langeweile und Spießigkeit.

Nach knapp 20 Jahren WAHREM LEBEN in Berlin hätten wir es inzwischen allerdings gern manchmal etwas ruhiger und langweiliger. Leider altert Berlin nicht mit uns. Berlin wird immer jünger. Denn nach uns kamen neue süddeutsche Kleinstädter, die das wahre Leben in Berlin suchten und Partys schmissen, Bars eröffneten und in Clubs feierten. Sie brauchten Wohnungen, die natürlich erstmal gebaut werden mussten. Schließlich entdeckten auch noch die Kleinstädter aus anderen Ländern Berlin. Sie kamen aus Spanien, aus den USA, aus Schweden und sogar aus Spandau. Sie alle wollten LEBEN.

Berlin ist ein spätpubertärer Jüngling geblieben, der saufend um die Häuser zieht.

Jetzt hier im Bett wollte ich gerade lieber STERBEN. Denn sie rammten und hämmerten und schweißten auf der Baustelle hinterm Haus. Und das war nicht die einzige Baustelle. Überall wurde nachverdichtet, jede verwilderte Brache in Berlin sollte mit neuen Häusern gefüllt werden. Dachstühle mussten ausgebaut und neue Leitungen unter dem Asphalt verlegt werden. Das alles vor allem mit einem Werkzeug, dem Allheilmittel der Stadtplanung: dem Presslufthammer.

Alle wollen ein Teil des sagenumwobenen Berlin-Mythos werden. Ich kann sie ja verstehen. Ich bin ja auch deswegen hierhergekommen. Aber jetzt reicht es. Endgültig.

»Wir müssen weg«, sagte meine Freundin.

»Aufs Land?«, fragte ich.

Dann schwang eine Abrissbirne in unsere Wohnung, und die Decke stürzte ein. Jedenfalls hörte es sich so an.

Aufs Land

Wenn man Berlin verlässt, kommt erstmal nichts. Außer man fährt zufällig in Richtung Potsdam – dann kommt Potsdam. Und danach nichts.

Das Nichts sieht sehr schön aus und heißt Brandenburg. Die Felder und Bäume in Brandenburg wirken selbst im Sommer leicht gräulich, doch der Himmel ist weit und sattblau. Brandenburg sieht ein wenig so aus wie der Wilde Westen. Die Dörfer bestehen aus einstöckigen Häusern direkt an der Landstraße, aufgereiht wie Perlen an einer Kette. In der Mitte thront eine Kirche, die schon bessere Tage erlebt hat. Der Dorf-Saloon ist seit der Wende geschlossen. Manchmal wehen ein paar einsame Büsche durch die leeren Straßen der Dörfer, dazu spielt eine Ziehharmonika das Lied vom Tod.

Zwischen den Siedlungen bleibt der Blick nirgendwo hängen. Alles flach und eben. Geometrische Felder und Wälder – als hätte sie jemand mit dem Lineal aufgezeichnet. Dazwischen unzählige Windräder wie Uhren mit drei Zeigern. Manchmal drehen sie sich so schnell, schreitet die Zeit so rasant voran wie die Jahre, seit ich 30 geworden bin.

Nur selten begegnet man Menschen in Brandenburg. Seit Jahren hält sich das Gerücht, dass die Uckermark bei der EU als nicht besiedeltes Gebiet gilt, weil zwischen den unzähligen Seen, Wäldern und Feldern nur sehr versprengt einige winzige Ortschaften liegen.

Ich mag die Leere. In Berlin verschwindet sie ja jetzt völlig, diese schöne Leere. Ja, auch Leere kann verschwinden. Die letzten Leerstellen, wie zum Beispiel bei uns hinter dem Haus, werden gefüllt. Als ich Anfang der Nullerjahre nach Berlin kam, schien die Stadt manchmal wie ausgestorben. Überall standen riesige, schöne Altbauwohnungen leer. Meine erste Wohnung kostete fast nichts, und der Makler bekniete mich, sie doch bitte zu nehmen. Entschuldigung, alter Mann erzählt vom Krieg. Auch wenn es ein sehr leiser und harmloser Krieg war, bei dem kaum jemand mitmachte.

Ich mag auch die Brandenburger. Es gibt sie nämlich wirklich. Sie sind etwas einsilbig, aber nett. Das kommt mir als in Freiburg geborenem Badener entgegen. Die Badener gelten ebenfalls als ziemlich einsilbig. Manche sogar als nett.

Natürlich gibt es auch Neonazis in Brandenburg. Wie leider überall. In Brandenburg fallen sie wahrscheinlich nur mehr auf, weil da sonst nichts ist.

Nun suchten wir also wieder die Leere, die wir in Berlin mitgeholfen hatten zu füllen. Natürlich war das paradox. Ganz aufs Land ziehen wollten wir jedoch nicht, dafür hatten wir uns zu sehr an die Annehmlichkeiten einer Großstadt gewöhnt, an die Kinos und Konzerte, die Partys, die guten Restaurants und Spätkaufs. Auch wenn wir in letzter Zeit abends eher zu Hause saßen, Serien schauten und über Rückenschmerzen jammerten, weil wir es wieder beim Pilates übertrieben hatten.

Ein Garten auf dem Land ist Tradition in Ostdeutschland. Man entflieht im Sommer in sein Gartenidyll vor den Toren der Stadt. Oft liegen sie in der Nähe von wunderschönen Seen. Die Grundstücke sind etwas größer als herkömmliche Schrebergärten, wie man sie in Westdeutschland kennt. Im Osten übernachtet man selbstverständlich auch im Garten, viele verbringen den halben Sommer dort. Denn auf den Grundstücken stehen so gut wie immer Gartenlauben, die eher an kleine Häuser erinnern. Manche nennen diese Häuser auch Datschen. Oder Lauben. Oder Bungalows. Doch wenn ich an einen Bungalow denke, sehe ich vor meinem inneren Auge ein palmenumsäumtes Haus in den Hügeln von L.A. In Ostdeutschland bedeutete Bungalow vor allem Asbest. Ganz Deutschland – auch der Westen – wurde bis in die späten Achtzigerjahre nur aus Asbest gebaut. In meiner Schule, in meiner Uni, in meinem Kinderzimmer – überall fielen Asbestplatten von der Decke, und feiner Staub legte sich auf meine Haare und Lungenflügel. Und jetzt will ich mir einen Garten mit Bungalow zulegen, obwohl ich gerade erst bei aufwendigen Zahnsanierungen alle meine Amalgamfüllungen aus der Kindheit losgeworden bin. Schon droht der nächste Krebstod. Kann man seinen gesunden Berliner Lebensstil in so einem Gartenbungalow eigentlich weiterführen? Lohnt es sich überhaupt, einen veganen Quinoasalat zu essen, wenn dabei Asbeststaub auf den Teller rieselt?

Doch solche Probleme lagen noch in der fernen Zukunft. Wir mussten erstmal einen schönen und bezahlbaren Garten finden. Das gestaltete sich komplizierter, als wir vermutet hatten.

Wir – eigentlich meint das *ich*, meine Freundin ist da nicht so kategorisch – legten einige Bedingungen fest, die das Gartengrundstück erfüllen musste:

1. Nicht länger als zwei Stunden mit dem Auto von unserer Wohnung in Berlin entfernt. Halbwegs vernünftige Bahnanbindung wäre ebenfalls wünschenswert.
2. Es soll ein Badesee in der Nähe liegen. Wenn man sich eine Karte von Brandenburg ansieht, müsste das machbar sein: überall Seen.
3. Ruhe.
4. Das Grundstück darf nicht Teil einer großen Datschensiedlung sein. Wir − also, das heißt eigentlich auch wieder: *Ich* will nicht jeden Morgen von schreienden Kindern oder rasenmähenden Senioren geweckt werden. Das muss ich schon zu Hause in Berlin ertragen. Also, die Kinder wenigstens. In Ordnung fände ich rasenmähende Kinder, das stelle ich mir niedlich vor. Baustellen gibt es hoffentlich auf dem Brandenburger Land nicht so viele. Problematisch bei großen Siedlungen sind zudem die − nennen wir sie mal Blockwärter. Alteingesessene, die pingelig darauf achten, dass die Hecken akkurat geschnitten und die Beete unkrautfrei sind − und die Deutschlandfahne korrekt gehisst. Ein No-Go für uns. Also, für mich. Meine Freundin sieht das sicher ähnlich, artikuliert es allerdings nicht so lautstark.

Meiner Freundin geht es neben der Ruhe vor allem um Blumen und Gemüse. Sie will gärtnern. Unser schmaler Berliner Balkon, der eher einem etwas größeren Fensterbrett gleicht und leider direkt über der benachbarten Baugrube hängt, ist komplett bepflanzt. Wenn meine Freundin auf dem Balkon zwischen ihrem Grünzeug sitzt, kann man sie fast nicht mehr erkennen. Sie scheint eingewachsen zu sein.

»Gärtnern entspannt mich«, sagt sie. »Ich habe einen

Job, bei dem ich den ganzen Tag vor dem Computer sitze, ich brauche das als Ausgleich. Das kannst du dir natürlich nicht vorstellen.«

Damit spielt sie auf meinen ungebundenen Lebensstil als so genannter freier Autor und so genannter Kleinkünstler an. Ja, ich bin ein Kleinkünstler, der Kleingärtner werden will. Ich lebe den Traum. Jedenfalls schreibe ich lustige Geschichten. Die lese ich dann auf Bühnen vor. Das ist mein Job. Oder wie es meine Eltern in meiner Heimatstadt Freiburg ausdrücken: »Damit verdienst du Geld?«

Meine Freundin und ich sind sicher nicht allein mit unserem Bedürfnis, einen Ausgleich zu unseren völlig von allem Materiellen losgelösten Jobs zu suchen. Wer den ganzen Tag vor dem Laptop sitzt, erst bei der Arbeit und dann am Abend beim Serienschauen, der sehnt sich wie ein verwöhnter Stadthund nach etwas Auslauf in der Natur. Ein Beet anlegen, Beeren pflücken und damit selbst Marmelade herstellen, Brot backen – anscheinend wollen viele wieder das zurück, was die Eltern einst in den Wirtschaftswunderjahren erfolgreich ausgesourct haben. Ob irgendwann die Großstädter wieder ihre Wäsche im Fluss waschen?

Wahrscheinlich geht das gut zusammen: Fortschritt und Tradition, »Laptop und Lederhosen«, wie die CSU leider mal ziemlich catchy plakatiert hat. Jetzt eben: Instagram und Imkern.

Wenn es denn überhaupt stimmt. Vielleicht wird heute genauso viel gegärtnert wie vor 30 Jahren. Vielleicht bleibt der Anteil der Kleingärtner an der Bevölkerung immer gleich. Nur wirkt es eben so, als gäbe es mehr Hobbygärtner, weil heutzutage alle schöne Fotos von selbstangebauten Pastinaken und perfekt ausgeleuchteten Osterglockenkolonien in den sozialen Medien posten. Dazu gibt es bestimmt keine Studie, keine Umfrage, das ist einfach kein relevantes Thema, denke ich. Zwei Klicks im Internet später: Natürlich hat dazu schon jemand eine Studie gemacht. Und zwar 2018 das »Bundesinstitut für Bau-, Stadt- und Raumordnung«. Davon hatte ich noch nie gehört. Die Studie bestätigt meine Erfahrung: Zumindest in den Großstädten wächst die Nachfrage nach Schrebergärten, übersteigt sogar das Angebot. Die Studie spricht zudem von einem Imagewandel: Kleingärten gelten nicht mehr als spießig, sondern sind im Mainstream angekommen.[1] Fast wie Kleinkünstler. Dabei bekommt das so genannte ökologische Gärtnern einen immer höheren Stellenwert. Und die Neugärtner werden jünger.

Wir gehen also mit dem Trend.

Unsere erste Besichtigung fand Anfang Januar statt. Das Grundstück war Teil einer riesigen Kleingartensiedlung und zwei Stunden und fünf Minuten von Berlin entfernt. Der Bungalow sah eher aus wie eine Besenkammer. Der Garten lag direkt an einer großen Straße. Der Hells-Angels-Ortsverein betrieb sein Vereinsheim gegenüber. Selbst jetzt im Januar trafen wir den Blockwart, der uns misstrauisch beäugte. Er stand breitbeinig auf seinem Grundstück, das nur noch entfernt an einen Garten erinnerte. Seine Laube ähnelte einem Einfamilienhaus, der Garten war asphaltiert. Neben dem Blockwart saß eine riesige Deutsche Dogge. »Warnung vor dem Hunde. Er tötet alles, was sich ihm nähert« verkündete ein schwarz-rot-goldenes Schild am Zaun. Genauer: am Stacheldrahtzaun. Dahinter stand noch eine kleine Mauer. Dazwischen der Todesstreifen, in dem sonst wohl die Deutsche Dogge patrouillierte. Ich erkannte ein paar abgenagte Knochen.

»Das ist ja sehr schön hier«, sagte ich zu dem netten Pärchen, das uns das Grundstück verkaufen wollte. Mir fällt es schwer, Leuten, die etwas von mir wollen (in diesem Fall Geld), die Wahrheit ins Gesicht zu sagen. Vor Jahren suchte ich mal einen Mitbewohner für meine damalige WG. Ich plauderte eine Stunde lang mit Klaus-Jürgen, weil ich es nicht übers Herz brachte, ihm zu sagen, dass ich auf gar keinen Fall eine Wohnung mit ihm teilen wollte. Er war 45 und zusammen mit seiner Mutter zur Besichtigung gekommen. Denn er wohnte noch bei seinen Eltern. »Das war total toll. Ich melde mich dann bei dir«, sagte ich Klaus-Jürgen zum Abschied und meldete mich natürlich nie. Seine Mutter rief dann noch mehrmals bei mir an und bot mir vierstellige Summen, wenn ich ihn aufnehmen würde.

»Das war total toll. Wir melden uns dann bei euch«, sagte ich zu dem netten Pärchen.

Meine Freundin rollte mit den Augen.

In den folgenden Wochen besichtigten wir noch drei weitere Grundstücke. Sie lagen alle an großen Straßen und schienen schon seit der Wende unbewohnt. In den Lauben roch es, als wäre jemand darin gestorben. In einer sah ich auf dem Teppichboden sogar eine Kreidezeichnung vom Umriss eines menschlichen Körpers. Die Maklerin stand die ganze Zeit darauf und lenkte die Aufmerksamkeit auf den angebauten Wintergarten, in dem ein niedlicher Igel und ein Habicht-Ehepaar hausten.

»Das war toll«, sagte ich zum Abschied zur Maklerin. »Wir melden uns dann bei Ihnen.«

Zudem kosteten die Grundstücke viel zu viel. Anscheinend war Brandenburg doch nicht so leer und steckte mitten in der Gartengentrifizierung. Andere Berliner hatten schon die gleiche Idee wie wir gehabt und sich einen Garten zugelegt, wo sie Zucchini züchteten und ihren eigenen Kastanienhonig hobbyimkerten. So stellte ich mir das jedenfalls vor. Die Kleingartenstudie hatte anscheinend recht: Die Großstädter suchten überall nach Gärten.

Manchmal entdeckten wir wirklich Berliner in den Gartensiedlungen, die wir besichtigten. Wir erkannten sie sofort: Sie sahen aus wie wir. Seltsamerweise wirkten sie aber nicht besonders glücklich. Zu imkern schienen sie ebenfalls nicht. Sie handwerkten nur grimmig an ihren Bungalows herum und robbten in Gummistiefeln und Multifunktionskleidung durch matschige Beete ähnlich wie die Bundeswehrsoldaten auf dem Truppenübungsplatz am anderen Ende des Dorfs. Komisch, dachte ich, das hatte ich mir irgendwie grüner vorgestellt. Aber damals wusste ich auch noch nicht, was alles auf mich zukommen würde.

Wir fanden kaum Angebote für Gärten auf den einschlägigen Seiten im Internet. Das Pärchen von der ersten Datsche erklärte uns, dass die meisten Grundstücke unter Hand an Verwandte oder Freunde der Besitzer weggingen.

Wir kannten keine Besitzer von Gartengrundstücken. Unsere Familien lebten in Süddeutschland, konnten uns also keinen Garten vererben. In unserem Freundeskreis waren wir die Ersten, die aus Berlin fliehen wollten. Auch wenn alle ständig davon redeten, suchte eigentlich niemand ernsthaft nach einem eigenen Garten.

Doch da gab es diese zwei Kollegen, Clara und David.

»Kollegen?«, fragte meine Freundin, »wie soll das gehen, wenn man nicht arbeitet?«

»Hallo! Ich arbeite. Die beiden sind freischaffende Autoren, so wie ich«, antwortete ich.

Nach einem gemeinsamen Auftritt hatte ich nämlich Clara von unserer vergeblichen Suche nach einem Gartengrundstück erzählt. Sie sah mich ein paar Sekunden misstrauisch an, dann enthüllte sie lächelnd ihr Geheimnis: »Wir haben einen Garten.«

Ich horchte auf.

»Ein Seegrundstück!«

Ich war elektrisiert.

»400 Quadratmeter, nur eine kleine Siedlung, total ruhig.« Sie legte den Kopf schief. »Das Nachbargrundstück steht noch leer. Sehr schön, etwa genauso groß. Der gleiche Besitzer, von dem wir auch unser Grundstück gekauft haben. Ich glaube, er will den anderen Garten ebenfalls loswerden. Ist allerdings ziemlich verwildert.«

Ich sprang auf. »Ich will den!«, rief ich etwas zu laut. Clara tätschelte beruhigend meine Hand.

»Okay, Sebastian, lass uns einen Termin ausmachen.« Sie stockte. »Es gibt da ein kleines Problem.«

»Nein!«, rief ich und setzte mich wieder. »Ich will es gar nicht wissen.«

»Es ist ziemlich weit weg. Der Garten liegt schon in Mecklenburg-Vorpommern.«

Ich sackte in mich zusammen.

Sie lächelte aufmunternd. »Trotzdem nur etwa zwei Stunden von Berlin entfernt.«

»Na, dann. Klingt doch toll«, sagte ich. Überzeugt war ich nicht.

Das erste Mal im Garten

Das Navi im Auto zeigte 1 Stunde 59 Minuten Fahrtzeit bis zum Gartengrundstück von Clara und David an. »Bei normaler Verkehrslage.« Aber wann ist schon normale Verkehrslage in Berlin-Mitte? Und wir müssen durch Berlin-Mitte fahren. Dann durch Berlin-Prenzlauer-Berg. Weißensee. Raus auf die Autobahn. Schließlich durch Brandenburger Monokultur-Wälder, die aussehen wie stillgestandene Armeen.

Ich blickte skeptisch zu meiner Freundin auf dem Beifahrersitz. »Knapp zwei Stunden«, sagte sie. »Das ist doch noch okay, oder?«

Bei unserer ersten Fahrt zum Garten kamen wir gut durch. Die Verkehrslage war unnormal normal. Das wiegte uns in Sicherheit. Den ganzen Sommer kamen wir nicht mehr so gut durch. Bei der ersten Fahrt begegneten uns keine verrückten Taxifahrer, keine Staatsgäste mit Polizeikolonne, keine hupenden türkischen Hochzeitskorsos. Keine Unfälle, keine Umleitungen, keine »Mäharbeiten am Mittelstreifen« auf der Autobahn.

Jetzt, Anfang März, schien in Brandenburg zart die Wintersonne. Wenn man das Fenster runterkurbelte, roch es schon ein wenig nach Frühling. Auf den Feldern standen riesige Kraniche, die gerade aus dem Süden zurückkehrten und eine Pause auf dem Weg weiter in den Norden einlegten.

Wir fuhren von der Autobahn ab und auf der Bundesstraße weiter, hinter uns nervöse Raser in tiefergelegten Golfs. Sie überholten zum Glück immer sofort, nachdem sie plötzlich aus dem Nichts aufgetaucht und bis auf Armlänge an die Stoßstange meines alten Skodas herangebraust waren. Ihre Ungeduld wirkte aggressiver als die der Berliner Autofahrer, die eher leicht melancholisch anmutet. Man ist als Berliner schon gewohnt, nicht schnell voranzukommen, man drängelt eher aus Routine. Die Raser in Meck-Pomm scheinen da risikofreudiger. Sie überholen auch, wenn ein riesiger Truck entgegenkommt. Oder in einer scharfen Kurve. Oder wenn man selbst schon 30 Stundenkilometer zu schnell fährt. Das erinnert mich an Peter Handke, wenn er die Autofahrer auf dem Land beschreibt: »… aber diese fuhren überschnell, rasten, als verfolgten sie jemand, oder würden umgekehrt verfolgt. Sie wirkten eiliger als darüber im Blau die Flugzeuge, …«[2] Das kann ich voll und ganz bestätigen – jedenfalls kam ich mir verfolgt vor.

Wir bogen von der Bundesstraße ab. Längst zeigte mein Handy nur noch einen Balken Empfang an. Immerhin – die Funklöcher im deutschen Osten sind ja mittlerweile legendar. An Internet furs Telefonnavi war allerdings gar nicht zu denken. Zum Glück hatten wir Clara und David dabei, die den Weg gut kannten.

Die letzten Meter legten wir auf einem schmalen Feldweg zurück. Ich parkte das Auto, stieg aus und sah schon den See. Nicht groß, aber malerisch von Bäumen eingerahmt in einer kleinen Senke gelegen. Am Ufer vielleicht zehn Gärten. Gegenüber nur Bäume, dahinter weite Felder. An so etwas wie Zivilisation erinnerte nur eine Art Lagerhalle für Traktoren und Landmaschinen am anderen Ende des Sees, und natürlich, allerdings recht weit entfernt, Windräder.

Die Bäume waren Anfang März noch kahl, das Schilf am Ufer fahl und trocken, der See schimmerte graublau. In der Mitte schwamm tatsächlich ein Schwanenpärchen. Es lächelte mich glücklich an.

Sofort fiel mir die Stille auf. Kein Auto zu hören. Keine Stimmen. Und natürlich keine Presslufthämmer.

Das Dorf lag versteckt hinter ein paar Bäumen, weiter vorne an der Landstraße. Angeblich 150 Einwohner. Die kleine Kirche mit leicht schiefem Fachwerkturm war uralt und sah im Gegensatz zu den ebenfalls uralten, aber immer schön renovierten Kirchen in Süddeutschland auch so aus.

»Guten Tag«, begrüßte uns der Besitzer des Grundstücks und öffnete quietschend das verrostete Gartentor. Ein älterer Herr mit norddeutschem Zungenschlag. Er wirkte sympathisch und vertrauenswürdig. Allerdings vertraue ich Menschen grundsätzlich schnell. Meine Freundin hält dagegen einiges auf ihr, wie sie es nennt: »gesundes Misstrauen«. Schon als wir uns kennenlernten, zeigte sich unsere unterschiedliche Sichtweise auf die Welt. Wir saßen im gleichen Seminar an der Uni. Es ging um feministische Interpretationen der Lieder Walthers von der Vogelweide. Eines Tages sprach ich sie nach einer Sitzung an: »Wollen wir mal zusammen einen Kaffee trinken?« Als Antwort sprühte sie mir Pfefferspray ins Gesicht. Ich hätte ja auch ein Triebtäter oder Taschendieb sein können, erklärte sie ein paar Wochen später, als wir dann wirklich einen Kaffee in der Uni-Cafeteria tranken. Sie sei sofort misstrauisch gewesen, dass ich als Mann in einem Feminismus-Seminar gesessen sei. Unser Treffen kam nur zustande, weil drei gemeinsame Freunde Bürgschaften über meinen ungefährlichen Charakter abgegeben hatten.

Auch dem netten älteren Herren, der uns den Garten verkaufen wollte, begegnete sie sofort mit Misstrauen.

»Der will uns verarschen«, zischte sie mir zu, als er uns mitteilte, das Grundstück sei 400 Quadratmeter groß. »Das sind höchstens 395. Ich hab das gerade mal kurz mit dem Zollstock nachgemessen.«

»Vielleicht kriegen wir es dann zehn Euro billiger«, sagte ich. »Da lohnt sich so ein Aufwand ja total.«

»Sonst ist der Garten aber perfekt«, flüsterte meine Freundin.

Der Garten war tatsächlich perfekt. Eine große Rasenfläche, die – eingerahmt von einer aus der Form geratenen Hecke – sanft zum See abfiel. Vorne stand eine riesige Eiche, neben dem Bungalow zwei Birken und eine kränklich wirkende Tanne. Wir entdeckten scheu aufkeimende Himbeersträucher. Ein kleiner Weg führte zum vorderen Gartentor, durch das man direkt zum Uferweg gelangte. Der Bungalow war zwar ziemlich groß – zwei Zimmer –, allerdings auch ziemlich runtergekommen und stand wahrscheinlich seit Mitte der Achtzigerjahre leer. Darauf ließ jedenfalls die Einrichtung schließen. Nicht nur im Garten stand eine Eiche, auch die Möbel waren in dunkelbraunem Eichenlook gehalten. Dazu ein riesiger Röhrenfernseher, ein paar Nierentischchen, orangefarbene Vorhänge. Blümchentapete im Badezimmer, eigentlich nur eine Kammer mit Waschbecken und kaputtem Klo. Eine senfgelbe Couchgarnitur füllte etwa zwei Drittel des Bungalows aus. An der Wand hing etwas, das aussah wie ein zu klein geratenes Hirschgeweih. Ich ging etwas näher heran. Eine riesige schwarze Spinne. Panisch sprang ich aus dem Bungalow. Ich habe furchtbare Angst vor Spinnen. Und eine Spinne in dieser Größe hätte ich eher im brasilianischen Urwald erwartet. Es existiert übrigens nur ein anderer Menschen auf der Welt, der noch größere Angst vor Spinnen hat als ich: meine Freundin.

Der ganze Bungalow wurde von riesigen Spinnen bevölkert.

Clara bestätigte das. »Ist bei uns genauso. Wir haben uns einen Industrie-Staubsauger zugelegt. Damit kann man sie ganz gut einsaugen.«

Sie lachte etwas zu laut.

Schließlich standen wir auf der Terrasse vor dem Bungalow und blickten zum sonnenbeschienenen See. Die Schwäne bildeten mir ihren weißen Hälsen ein Herz.

Sollten wir diese Datsche wirklich kaufen? In meinem Kopf stellte ich eine Pro-und-Kontra-Liste auf:

Pro: wunderschön, recht preiswert, Seeblick, ruhig, keine große Siedlung, nette Nachbarn.

Kontra: SPINNEN!

Die riesigen Spinnen überdeckten für uns damals alle anderen Negativpunkte, die wir dann in den folgenden Monaten kennenlernen sollten. Was war also noch schwierig: ganz schön weit entfernt von Berlin. Preiswert, aber doch viel Geld. Verwilderter Garten. Runtergekommener Bungalow mit alten Möbeln, die entsorgt werden mussten. Eine alte überdachte Veranda, die wir abreißen wollten, um ein schönes Holzdeck zu bauen. Die blöde Tanne direkt neben der Terrasse, die uns die Sonne nahm.

»Kriegen wir schon hin«, sagte meine Freundin.

Ich nickte. »Klar, kriegen wir hin. Den Bungalow renovieren wir. Das meiste kann man bestimmt selbst machen, Veranda reißen wir ab, Garten zähmen wir, Spinnen siedeln wir um.«

Clara und David fanden es auch gut, wenn wir ihre neuen Nachbarn werden würden. Der Besitzer kam uns sogar mit dem Preis entgegen. Weniger Stress, meinte er, wenn gleich die ersten Interessenten seinen Garten kaufen würden.

»Und die Tanne fällen wir einfach«, sagte ich. »Kann ja nicht so schwer sein.«

»Genau«, antwortete meine Freundin. »Total easy.«

Es sollte alles anders kommen.

Heinz

Heinz wohnt im übernächsten Bungalow, direkt am See. Ich benutze hier das Wort »wohnen« bewusst. Er ist immer da. Meistens allein, manchmal kommen auch seine Frau und seine Tochter vorbei. Der Garten sieht aus wie aus einem Gartenkatalog, die Hecke geometrisch gestutzt, der Rasen wie in einem Fußballstadion der Bundesliga, Blumen- und Gemüsebeete an den Rändern.

Ich hatte Heinz gleich am zweiten Tag in unserem Garten kennengelernt. Er stand plötzlich am Gartentor und sah mich leicht misstrauisch, aber auch neugierig an. Wir stellten uns vor. Mit Vornamen. Im Garten duzt man sich also, gut zu wissen.

Heinz trug ein wohl ehemals weißes, jetzt eher bio-eierschalenfarbenes Feinripp-Unterhemd, kombiniert mit im Schritt leicht zu engen Shorts. Es war Anfang April und hatte zwölf Grad.

»Garten is Garten. Und im Garten is Freizeitlook angesagt«, erklärte er mir ein paar Wochen später freimütig. Selbst bei Regen traf ich ihn in seinem knappen Freizeitoutfit an: »Wird nicht so viel nass«, meinte er.

Heinz ließ seinen Blick über unseren unaufgeräumten Garten schweifen. »Is lange nix gemacht worden hier. Sieht man auch.« Er verzog gequält sein Gesicht. Später konnte ich diesen Gesichtsausdruck tatsächlich als Lächeln entziffern.

»Is trotzdem schön«, fügte er etwas versöhnlicher hinzu. »Seeblick und so. Fast so gut wie bei uns.« Er hielt kurz inne. »Aber Dach is kaputt, wa?«

Ich bekam einen Schweißausbruch. Das Dach.

»Du musst auf das Dach achten«, hatten meine vermeintlichen Handwerker-Freunde gesagt. Also Igor. »Wenn das Dach undicht ist, dann wird es teuer. So ein Dach kannste nicht so einfach selbst reparieren.«

Als ob ich *irgendwas* selbst reparieren könnte.

Ich hatte den netten Vorbesitzer unserer Datsche extra vor dem Kauf gefragt: »Ist das Dach dicht?«

»Ja«, sagte er.

»Gut«, sagte ich. »Nehme ich.«

Das erinnerte mich an meinen Autokauf vor einem Jahr: »Fährt das Auto?«, fragte ich.

»Ja«, sagte der Gebrauchtwagenhändler.

»Gut, nehme ich.«

War ja auch günstig, nur 10 000 Euro bei 200 000 Kilometern.

»Lol«, sagte der Gebrauchtwagenhändler.

Ich vertraue den Menschen eben.

Das Dach wirkte aber wirklich dicht. Wir entdeckten keine Wasserflecken im Inneren der Laube. Nicht mal meine misstrauische Freundin sah ein Problem.

»Nein, das Dach ist dicht«, sagte ich zu Heinz.

»Na, wenn du meinst. Siehst ja aus wie ein Dachschaden-Experte.« Er lachte. Wahrscheinlich. Es klang wie ein Glucksen, das in ein Verschlucken überging.

Machte sich Heinz lustig? Wie sehen echte Dachschaden-Experten aus? Tragen sie Feinripp-Unterhemden?

»Rasen müsste man mal mähen«, sagte Heinz, als sein »Lachen« verklungen war. »Und die Hecke erinnert ja schon eher an 'nen sehr breiten Baum. Was ist mit der Tanne da?« Er deutete auf die leicht schiefe Tanne neben dem Bungalow. »Die kann weg, oder?«

»Äh, klar«, sagte ich leise. »Die wollen wir bald fällen.«

Er lehnte sich über das Gartentor und sah mir tief in die Augen. »Kommst aus der Stadt, wa?«

Ich nickte.

»Hast da studiert, mh?«

Ich nickte wieder.

»Geisteswissenschaften?«

Ich räusperte mich: »Philosophie.«

Heinz trat einen Schritt zurück und verschränkte seine Arme. »Die Philosophen haben den Garten nur erklärt, es kommt aber darauf an, ihn zu verändern.« Er lächelte gequält. »Komm, ick leih dir meine Heckenschere.«

Seitdem hat mir Heinz noch oft geholfen. Mit Werkzeug, aber auch mit Worten. Denn Heinz erklärt gern die Welt. Die Gartenwelt. Das kommt mir sehr entgegen, denn ich habe keine Ahnung von der Gartenwelt. Zum Beispiel wie das mit der Wasserversorgung funktioniert. Das Wasser wird im Winter abgestellt, und dann muss man das Restwasser aus den Rohren ablassen, bevor es friert. Sonst platzen die Rohre, und das würde schlimm enden im Frühjahr. Heinz' Schilderungen erinnern mich an Roland Emmerichs Klimakatastrophen-Blockbuster *The Day After Tomorrow*. Außerdem wusste Heinz, wohin mit den Gartenabfällen. Auf einen Haufen neben dem See.

»Den fackeln wir im Herbst und im Frühjahr ab. Treffen uns alle und passen uff, dass die Flammen nicht auf den

Wald übergreifen. Trinken wir auch dit eine oder andere Schäpschen dabei. Und Bier. Wein. Auch mal eenen Sex on the Beach. Kannste ja auch mitmachen …« Er sah mir lange in die Augen. »Trinken darfste schon, oder?«

»Ich bin 38!«, rief ich entrüstet.

»Nich jeder kann perfekt sein.« Er gluckste lachend. »Jedenfalls: Nur Brennbares auf den Haufen!«

»Also Holz?«, fragte ich scharfsinnig.

»Ja, dit hast du richtig bei deinem Studium gelernt: Holz brennt.«

Dabei hatte auch Heinz studiert. Erst Marxismus-Leninismus in der DDR. Und dann Betriebswirtschaft und Politik in der BRD.

»Alles dit Gleiche«, sagte Heinz. »Nur die Perspektive is ne andere. Die Kommunisten glauben, dass der Mensch gut is – man muss nur 'n bisschen nachhelfen. Und dit hamse dann ganz schön übertrieben. Die Kapitalisten denken dagegen, dass die Menschen weder gut noch schlecht sind, sondern einfach Konsumenten. Und da helfen sie auch ganz schön nach, damit die genug kaufen. Und am Ende is man unfrei. Und unfrei is immer scheiße, egal wie dit System nun heißt.«

»Und deswegen habt ihr euch einen Garten zugelegt?«, fragte ich. »Um die Unfreiheit besser zu ertragen. Und wir Wessis sind nach Italien in der Urlaub gefahren, damit wir uns zwei Wochen mal nicht nur als Konsumenten fühlten.«

»Gar nich so dumm, mein Kleener. Hätte ich so nem Jungspund wie dir gar nicht zugetraut.« Heinz kratzte sich am Feinripp und ordnete per geübtem Handgriff in seinen Shorts die Liegerichtung um. »Aber Garten is auch nicht grenzenlos Freiheit. Du bist ja nich allein mit deinem Garten. Wir sind eine Gemeinschaft – und wenn dann einer sagt: ›Mein Garten first‹, dann gibt's Probleme. Solidarität is wichtig. Außer beim Schabratski, Grundstück mitte rechts, dit is einfach een Arschloch.«

Man soll sich nicht von Äußerlichkeiten leiten lassen. Don't judge a man by his Feinripp. Vor allem ostdeutsche Biografien haben meist mehr unvorhersehbare Abzweigungen genommen, als man nach oberflächiger Betrachtung denkt. Meine badisch-westdeutsche Sozialisation hat mich scheinbar gelehrt: Wo Feinripp drauf ist, ist meistens auch Proll drin. Wer Dialekt spricht, hat keine Uni besucht und so weiter. Aber das ist auch im Westen nur ein dummes Vorurteil und stimmt so gut wie nie.

»Zurück zum Abfallhaufen. Holz brennt«, erklärte Heinz weiter. »Aber brennbar is ja fast alles. Es brennen auch Dinge, von denen man dit gar nicht gedacht hätte. Oder verkohlen. Oder verdampfen zumindest.«

In den nächsten Wochen und Monaten beobachtete ich, wie der Haufen neben dem See immer weiter anwuchs: Plastikeimer, ein Kinderwagen, ein rosa Schwimmreifen in Flamingoform. Brennt alles. Ich warf einen paar alte Zeitungen drauf. Heinz beschwerte sich sofort: »Papier is schlecht, raucht zu sehr.«

Die Teerplatten, die ich dann auf den Haufen legte, beanstandete er zum Glück nicht.

Ende Oktober sollte dann das große Herbstfeuer den Gartenabfallhaufen vernichten. An besagtem Tag hielt ich mich aus »beruflichen« (meine Freundin lacht immer, wenn ich dieses Wort benutze) Gründen in Berlin auf, konnte also nicht mittrinken. Von meinem Balkon aus erkannte ich weit entfernt am Horizont eine schwarze Rauchwolke. Der Duft von verbranntem Gummi zog mir in die Nase. Aber das wird schon alles seine Richtigkeit haben. Schließlich hat es Heinz erklärt. Und ich vertraue Heinz. Trotz Feinripp.

Warum Heinz berlinert, habe ich bis jetzt allerdings noch nicht herausgefunden. Er kommt ursprünglich aus Leipzig.

Tiere 1: Rehe

Wir fuhren zum zweiten Mal in den Garten. Nach der Besichtigung vor einer Woche würden wir heute wieder den Verkäufer treffen und per Handschlag und Anzahlung alles besiegeln. Natürlich waren wir ziemlich aufgeregt. Endlich, endlich würden wir einen eigenen Garten besitzen.

»Oh, schau mal, ein Reh«, rief meine Freundin plötzlich.

»Wo?«, fragte ich, ebenfalls elektrisiert. Ein Reh, sowas gibt es in Berlin-Mitte nicht. Es stand einfach auf einem Feld neben der Autobahn. Ich kam etwas von der Spur ab, und hinter mir hupte ein SUV. Aber was soll's? Ich hatte ein Reh gesehen.

»Da! Noch ein Reh!«, rief meine Freundin erneut. Sie hatte schon wieder eins entdeckt. Genau genommen sogar drei. Sie standen auf einem anderen Feld und sahen melancholisch und leicht ängstlich zu den Autos. Ihre niedlichen spitzen Ohren stachen in den blauen Himmel. Meiner Freundin rollte eine Freudenträne über die Wange.

Zehn Minuten später: »Sebastian, da sind ganz viele!«

Wahrscheinlich gibt es in Brandenburg und Mecklenburg-Vorpommern mehr Rehe als Menschen. Jedenfalls sieht man sie häufiger.

Die Begeisterung meiner Freundin nahm jedoch nicht

ab. Jedes Reh am Straßenrand oder auf einem angrenzenden Feld wurde enthusiastisch begrüßt. Einmal sahen wir sogar einen Hirsch. Ich glaube, das war einer der schönsten Tage in ihrem Leben. Sie kommt eigentlich aus dem Schwarzwald und müsste mit Rotwild vertraut sein, doch nach 20 Jahren Berlin schien sie ausgehungert.

Auch in Berlin leben unzählige Wildtiere, wahrscheinlich in den Randgebieten auch einige Rehe. Aber natürlich trifft man in der Stadt eher die üblichen Verdächtigen: zum Beispiel Spatzen. Vor unserem Haus nisten ganze Schwärme und suchen sogar Kontakt.

Vor ein paar Jahren kam manchmal ein kleiner Spatz ans Fenster meines Arbeitszimmers geflogen. Er war erstaunlich zutraulich und setzte sich sogar auf meine Schulter. Meine Freundin kaufte Vogelfutter und stellte es aufs Fensterbrett. Von da an kam er mehrmals täglich. Wenn das Fenster geschlossen war, klopfte er mit seinem Schnabel gegen die Scheibe und hüpfte davor schnell auf und ab. Er pickte sich immer seine Lieblingskörnchen aus dem Vogelfutter heraus. Das fand ich sofort sympathisch: ein wählerischer Berliner Großstadtvogel. Er wirkte auch erstaunlich intelligent. Die Tüte mit dem Futter versteckte ich unter dem Tisch am Fenster, doch er fand sie trotzdem und pickte dann direkt aus der Tüte. Die fette Katze, mit der ich zusammenlebe, schafft das zum Beispiel nicht. Sie wartet immer geduldig, bis ich das Trockenfutter in ihren Napf schütte, dabei steht die Tüte offen daneben. Aber sagen wir es mal so: In der direkten Konfrontation Katze vs. Spatz zählt die Intelligenz nicht ganz so viel.

Doch man kann auch exotischere Tiere antreffen, die man in einer Großstadt nicht vermuten würde. Wenn ich im Tiergarten joggend meine Runden drehe, fliegt hin und wieder ein mächtiger Falke über mich hinweg. Im Sommer gibt es in manchen Jahren eine wahre Krebsplage. Der eingewanderte amerikanische Sumpfkrebs verdrängt die einheimischen kleineren Krebse, und in den Teichen und Kanälen im Tiergarten wird es eng. Deswegen krabbeln die Krebse über die Parkwege und bedrohen mutig jeden Spaziergänger mit ihren beeindruckenden Zangen. Angeblich schmecken sie auch gut. In einigen Restaurants in der Nähe steht nun Flusskrebs auf der Speisekarte. Einmal entdeckte ich einen ziemlich angenagten Baumstumpf. Konnte das sein? Biber im Tiergarten? Tatsächlich, ein paar Tage später bestätigte eine Lokalzeitung Biber-Sichtungen.

Tiere in der Großstadt sind immer etwas Besonderes. Irgendwie passen sie nicht in den so genannten Betondschungel. Man beobachtet sie fasziniert und geht dann wieder getrennte Wege. Das ist auf dem Land anders: Mensch und Tier stehen sich grundsätzlich als Feinde gegenüber. Jedenfalls behauptet das Heinz. Wenn man nicht aufpasst, graben Maulwürfe und Wühlmäuse den ganzen Garten um, Schnecken essen den kompletten Salat auf, und Waschbären tummeln sich im Müll.

Meine Freundin und ich freuten uns allerdings über alle Tiersichtungen (mit Ausnahme der Spinnen selbstverständlich). Und auch bei unseren nächsten Fahrten in den Garten wies sie mich beständig auf jedes Reh hin. Ich dagegen begann, mir Sorgen zu machen. Bei diesen Massen von Rotwild war es schließlich nur eine Frage der Zeit, bis ein Reh in der Abenddämmerung vor mir stehen würde, die großen unschuldigen Augen würden mich ängstlich anblicken – und ich müsste eine Vollbremsung machen, doch wahrscheinlich wäre es dann schon zu spät … Ich verscheuchte den Gedanken sofort.

Meine Freundin informierte sich über Rehe und fand heraus, dass die schlimmste Zeit für Rotwild anscheinend die Ernte war.

»Für die Rehe muss das der Horror sein«, erzählte sie. »Sie verstecken sich vor den großen, lauten Erntemaschinen ausgerechnet zwischen den hohen Pflanzen. Die kleinen Rehkitze ducken sich sogar, sodass man sie gar nicht mehr sieht.«

Sie blickte mich entsetzt an.

»Da, ein Reh!«, versuchte ich sie abzulenken.

Leider stand auf dem Feld neben der Straße gerade nur ein Rentner in einem zu engen neongelben Radfahrdress und aß ein hartgekochtes Ei.

Dann sprangen hinter ihm plötzlich sieben Rehe übers Feld und führten eine Art Reh-Ballett auf. Alle Sorgen waren sofort vergessen.

Freiheit und Gartenarbeit

Ein Psychoanalytiker würde nur den Kopf schütteln, wenn ich ihm von meiner Kindheit erzählte. Keine Probleme. Alles war gut. Meine Eltern haben allerdings schon häufiger angemerkt, dass sie das nicht unbedingt genauso sehen. Für mich begannen die ganzen Probleme eigentlich erst, als ich in die Schule kam. Ab da ging es nur noch bergab.

Wahrscheinlich habe ich meine Kindheit in so guter Erinnerung, weil sie sich hauptsächlich draußen abspielte. Die Sommer in Freiburg verbrachte ich fast ausschließlich in unserem Garten hinter dem Haus, in dem wir in einer Wohnung lebten. Ein erstaunlich großer, fast schon parkähnlicher Garten, den man von der Straße nicht sehen konnte. Niemand würde so einen Garten in einer Stadt vermuten. Bis ich etwa zwölf Jahre alt war, war er mein geheimes Reich. Wenn ich an meine Kindheit denke, dann sehe ich mich in diesem Garten spielen.

Hohe Tannen begrenzten ihn an einer, Birken auf der anderen Seite. Gegen deren wurstähnliche Pollen war ich als Kind allergisch, gegen Gräser auch, trotzdem kam es mir nie in den Sinn, in der Wohnung zu bleiben. Meine Eltern hatten einen großen Sandkasten angelegt, den die Nachbarskatzen besonders gern als Toilette benutzten. Daneben gab es eine Schaukel, und manchmal stellten meine Eltern eine Tischtennisplatte auf. Wir spielten Boccia mit bunten Plastikkugeln und ziemlich schlecht Federball. Wenn uns Freunde oder Verwandte meiner Eltern besuchten, schmiss mein Vater den Grill an und zapfte Bier aus einem kleinen Fässchen.

Eigentlich kann ich mich gar nicht besonders gut an meine Kindheit erinnern. Nur weniges sehe ich halbwegs klar vor mir. Die Zeit damals scheint wie unter einem grauen Schleier. Und die wenigen Erinnerungen spielen fast ausschließlich bei uns im Garten.

Als ich dem Sandkasten entwachsen war, wurde mein Lieblingsplatz die Astgabel auf der großen Magnolie neben dem Gartenhaus, auf die man gut klettern konnte und die unecht wirkende knallrosa Blüten fabrizierte, die vor dem blauen Freiburger Frühlingshimmel leuchteten wie kitschige Weihnachtsbeleuchtung. Ich beobachtete Eichelhäher und Rotkelchen. Einmal sah ich einen Maulwurf, der eilig über den Rasen wackelte, bevor er wieder in einem Erdloch verschwand. Füchse streiften bei Einbruch der Dunkelheit vorsichtig durch den Garten. Igel schmatzten. Die Nachbarskatzen wurden mit Milch gefüttert, in den Achtzigerjahren vertrugen sie das noch. Nachts schuhute ein Käuzchen.

Meine Kindheit roch nach feuchter Erde, Sonnencreme, Grillfleisch, Magnolienblüten, Pollen und Sommerregen.

Ich kann mich an aufwendige Kindergeburtstage erinnern, die meine Eltern im Garten ausrichteten. Sobald die Sonne schien und es so warm war, dass man nicht mehr Mütze und Handschuhe tragen musste, verlegte nicht nur ich, sondern die gesamte Familie den Hauptwohnsitz in den Garten.

Meine Eltern lagen in Liegestühlen und lasen oder schliefen – meistens abwechselnd. Ich spielte mit meiner Playmobil-Eisenbahn. Sie war im Wildwest-Stil gehalten. Ich besaß eine Dampflok mit Kohlenwagen, Waggons und einem Speisewagen. Dazu stellte ich mit dem Spielzeug, das ich von meinem älteren Bruder geerbt hatte, eine erstaunlich große Armee mit amerikanischen Soldaten auf, die gegen feindliche Indianer (die hießen damals noch so) Gefechte führten. Wenn ich ehrlich bin, spielte ich eigentlich immer nur Krieg. Die Indianer überfielen den Zug, der Sheriff und die Soldaten kamen angeritten, es wurde geschossen. Natürlich hüteten auch manche Cowboys nur Kühe. Bis dann die Verbrecher kamen und die Kühe stehlen wollten und wieder geschossen werden musste. Ich besaß ein großes Waffenarsenal. Pistolen, Revolver, Gewehre, Kanonen, Pfeil und Bogen, Äxte. Keine Ahnung, woher das kam, doch alle meine Freunde spielten Krieg. Ob mit Playmobil oder Lego oder live, Kind gegen Kind – grundsätzlich Krieg. Unsere Fastnachtspistolen waren das ganze Jahr im Einsatz.

Trotz der Kriegsspiele wirkt meine Kindheit in der Rückschau behütet, mit liebevollen Eltern, die sich um mich kümmerten und mir so viel Waffen kauften, wie ich wollte. Wir wohnten in einem beschaulichen Stadtviertel in Freiburg, in dem die grüne Partei schon in den Neunzigerjahren bei den Wahlen mit Abstand die meisten Stimmen gewann. Echten Krieg kannte ich selbstverständlich nur aus dem Fernsehen, er fand im Irak statt oder auch näher in Jugoslawien.

Was ich damals nicht mitbekam, war die Arbeit, die so ein riesiger Garten bedeutete. Er sah schön und gepflegt aus. Wie so viele Dinge in Kindheit und Jugend nahm ich das für gottgegeben. Als Götter fungierten die Eltern. Natürlich bemerkte ich, wenn mein Vater den Rasen mähte oder ein Blumenbeet umgrub. Allerdings nur, weil er dann meistens ein paar Gewehre oder ganze Playmobil-Männchen entdeckte, die ich bei einem Kampf verloren hatte. Noch Jahre später präsentierte er mir seine Funde. Unser Garten ist ähnlich mit Munition und Waffen verunreinigt wie ein ehemaliger NVA-Übungsplatz in Brandenburg.

In der Pubertät verlor der Garten schließlich an Bedeutung. Playmobil und Lego wurden von Mädchen abgelöst. Jetzt spielten wir Knutschen, nicht mehr Krieg. Immerhin feierten wir die eine oder andere Gartenparty. Doch unsere Partys verlegten wir schnell in den Schrebergarten, den die Familie eines Freundes besaß. Da ließ man uns in Ruhe, keine Elternblicke ruhten auf uns. Der Schrebergarten war ziemlich verwildert, es gab einen kleinen Schuppen und ein Beet, in dem der Freund ein paar Hanfpflanzen anbaute, die sich leider alle als männlich herausstellten. Wir rauchten sie trotzdem. Hinter dem Schuppen floss ein winziger Kanal, in dem wir unsere Bierdosen kühlten. Oder in den wir pinkelten. Die anderen Schrebergärtner verließen meistens bei Sonnenuntergang die Anlage, und wir hatten unsere Ruhe. Also das Gegenteil von Ruhe: Musik aus einem batteriebetriebenen Ghettoblaster (für alle, die in den 00er Jahren geboren sind: Dabei handelte es sich um sehr große Handys, mit denen man aber nicht telefonieren konnte, sondern nur Musik hören – in Form von Kassetten oder zerkratzten CDs, die immer beim besten Lied sprangen).

Viele Sommernächte verbrachte ich in diesem Schrebergarten. Für uns 16- oder 17-Jährige, die wir alle natürlich noch zu Hause bei den Eltern wohnten, bedeutete der Garten Freiheit. Wir feierten und grillten und tranken und küssten und redeten bis in das Morgengrauen in diesem Garten, nur eines vermieden wir: Wir arbeiteten nicht. Wir pflanzten nichts an außer Hanfpflanzen. Wir gruben keine Beete um, wir schnitten die Hecke nicht. Manchmal wurde der Freund von seinem Vater zum Rasenmähen verdonnert, aber damit hatte ich ja nichts zu tun. Die Natur interessierte uns nur so weit, dass sie eben da war. Als Hintergrund unserer jugendlichen Freiheit.

Wir hörten damals oft − jedenfalls in meiner romantisierten Erinnerung − das Lied *Jenseits des Kanals* von Tocotronic. Auch wenn der Schrebergarten der Eltern meines Schulfreundes gar nicht weit von unserer Wohnung entfernt lag, gehörte er doch einem ganz anderem Leben an. Im Garten fühlten wir uns nicht mehr als Kinder, zu Hause am Küchentisch oder in unseren Zimmern, die immer noch »Kinderzimmer« genannt wurden, schon. Im Garten probten wir das Erwachsenwerden. Der Schrebergarten war etwas Neues, lag auf der anderen Seite, jenseits unseres normalen Lebens. Und dort warteten wir. Bis endlich die Schule vorbei war, das Neue begann und wir uns in ganz Deutschland verstreuten. Dieses Warten im Schrebergarten hatte ganz schön Spaß gemacht.

Gärten − aber nicht das Gärtnern − spielten also in meinem Leben schon immer eine große Rolle. Das änderte sich abrupt, als ich zum Studieren nach Berlin zog. Hier besaß niemand einen Garten. Vielleicht brauchte ich Anfang der 00er Jahre in Berlin auch keinen Garten, hier fühlte ich mich frei genug. In der anonymen Großstadt musste man schon sehr verrückte Dinge anstellen, um von seinen Mitberlinern ein »Wat soll denn ditte?« an den Kopf geworfen zu bekommen. Die Freiheit der Andersdenkenden schien damals in Berlin noch ein hohes Gut zu sein. Auch in der Uni ließ man damals die Studenten noch weitestgehend in Ruhe, jedenfalls in den Geisteswissenschaften. »Studier halt, du findest danach ja eh keinen Job«, sagte uns die Lehranstalt mitsamt seinem ganzen Personal. Oder: »Lese dieses grandiose Buch, es wird dein Leben verändern, einen Job findest du trotzdem nicht.«

Immerhin zog ich in eine Wohnung mit großem Balkon. Das reichte erstmal. Frischluft interessierte mich mit Anfang 20 ohnehin nicht besonders, die meiste Zeit verbrachte ich in müffelnden Seminarräumen an der Uni, in nach Rauch stinkenden Kneipen oder Clubs. Das war das so genannte LEBEN, vor dem meine Freundin und ich jetzt in den Garten flohen. Wenn ich damals in die Natur wollte, ging ich in den Görlitzer Park. Der Görlitzer Park hat so viel mit Natur zu tun wie ein Parkplatz. Im Frühling gibt es immerhin Gras. Also Gras, auf dem man liegen kann. Spätestens im Juni verdorrt es oder wird von den unzähligen Grillern abgefackelt. Das andere Gras bekommt man das ganze Jahr über.

Ist es Zufall, dass ich in diesem Kapitel über Gartenarbeit noch gar nicht über Gartenarbeit geschrieben habe? Ich befürchte, nein.

Wie gesagt, über das Gärtnern hatte ich mir bis jetzt noch kaum Gedanken gemacht. Aber nun besaßen wir diesen echten Garten da draußen in Mecklenburg. Er gehörte uns, keine Eltern oder Schulfreunde würden sich um ihn kümmern. Ich spürte die Verantwortung schwer wie einen Dieselrasenmäher auf meinen schmächtigen Städterschultern.

Wir hatten die Datsche Ende März gekauft, tiefster Winter im hohen Norden. Dann mussten wir beide erstmal viel arbeiten. Ich hatte Auftritte in ganz Deutschland, wir fuhren in den Urlaub und schafften es erst wieder Anfang Mai in unseren neuen Garten.

Völlig entgeistert standen wir am Gartentor.

»Wo ist der Garten?«, fragte ich.

Meine Freundin deutete auf den dichten Urwald, aus dem das Dach unseres Bungalows ragte: »Irgendwo hier.«

Der Garten hatte sich während unserer Abwesenheit verwandelt. Überall sprießte eine riesige giftgrüne, fast palmenartige Pflanze. Sie sah nicht wie eine einheimische Art aus, sondern war wahrscheinlich aus Südamerika oder vom Mars eingewandert. Ich schlug vor, im Baumarkt eine Machete zu kaufen. Bei einem kurzen Spaziergang am See wurde uns klar, was passieren würde, wenn wir diese Palmendinger nicht umgehend entfernten. Am Ufer standen nämlich einige Exemplare, die eher an Bäume erinnerten, Unkrautbäume.

Zum ersten Mal ahnte ich, wie viel Arbeit dieser Garten bedeuten würde. Wie viel Arbeit meine Eltern aufgewendet haben mussten, um unseren Garten in Freiburg in Schuss zu halten.

»Ich finde Gartenarbeit entspannend«, rief meine Freundin gut gelaunt.

Am Anfang machte es wirklich Spaß, auch wenn es anstrengend war. Wir liehen von Clara und David eine Heckenschere. Damit »mähte« ich erstmal das hüfthohe Gras. Es fühlte sich fast wie Kriegspielen an. Meine Allergie war zwar nicht mehr so schlimm wie früher, aber meine Augen schwollen trotzdem rot an. Außerdem hatte ich die ganze Zeit Angst, das Stromkabel mit der Heckenschere durchzutrennen und zu sterben. Es dauerte dementsprechend lange. Danach ging ich mit einem normalen Rasenmäher drüber. Meine Freundin jätete in der Zwischenzeit die Unkrautbäume. Danach sah der Garten wenigstens nicht mehr wie der brasilianische Urwald aus.

Zudem umschwirrten uns ständig etwa sieben Millionen Mücken. Manchmal sah ich meine Freundin gar nicht mehr hinter einem dichten Vorhang aus Stechmücken. Die letzten 20 Jahre hatten sie offenbar in unserem Garten ungestört verlebt, nun scheuchten wir sie auf – da wollten sie sich rächen. In Claras und Davids Bungalow entdeckten wir zum Glück unzählige Fläschchen Insektenspray. Die meisten zierte ein Totenkopf.

Im Garten fanden wir dann zwar keine Playmobil-Gewehre, aber allerlei andere seltsame Gegenstände: halb verrottete Gartenschläuche, verrostete Dosen, Rohre, alte Gehwegplatten. Seltsamerweise hatte einer der Vorbesitzer über der Steinterrasse mehrere Teppiche verlegt. Offensichtlich ein Exzentriker, der gute Herr.

Es dauerte das ganze Wochenende, den Garten halbwegs aufzuräumen. Freunde hatten uns geholfen, doch es gab immer noch viel zu tun: Die Hecke musste geschnitten werden, ein erstes Beet wollten wir anlegen, Schlingpflanzen sollten vom Bungalow entfernt werden.

Völlig erschöpft kehrten wir am Sonntagabend wieder nach Berlin zurück. Ein Anfang war gemacht. Ich ging ins Bett und sank in einen tiefen traumlosen Schlaf. Am nächsten Tag hatte ich schlimmen Muskelkater. Hätte ich auch nicht gedacht, dass ich das mal sagen würde: Ich habe Muskelkater von der Gartenarbeit. So muss sich das Erwachsenwerden anfühlen.

Mir kommt ein Satz aus Lola Randls Buch *Der Große Gar-*

ten in den Sinn: »Der Garten ist immer ein Kampf zwischen den eigenen Vorstellungen und äußeren Gegebenheiten.«[3]

Mit der Betonung auf *Kampf*.

Der Bungalow

Im Bungalow lag Teppichboden. Hellbraun. Leicht feucht. An einer Stelle neben dem undichten Fenster wuchsen Pilze. Sie sahen aus wie Champignons. Die Spinnen mochten den Teppich ebenfalls. Immer wieder huschte eine über meine Schuhe. Dann schrie ich und schwamm sieben Runden im See, um mich zu beruhigen.

Der Teppich musste raus. Zusammen mit der gesamten Einrichtung. Alles Müll, verrottet, vergilbt, von Motten zerfressen und von Spinnen befallen. Unsere erste große Aufgabe. Wir konnten sie unmöglich allein meistern.

Wir fanden im Internet zwei Entrümpler, die das ganze Zeug mitnehmen würden. Sie kamen an einem Wochenende mit einem kleinen Lastwagen samt Anhänger zu uns in den Garten gefahren. Die beiden schienen Brüder zu sein, ich konnte sie kaum auseinanderhalten.

»Alles raus, Herr Lohmann?«, fragte einer der beiden.

»Ich heiße Lehmann. Sie können mich duzen.«

»Sie heißen Lehmann mit Vornamen?«

»Nein, mit Nachnamen natürlich«, rief ich verwirrt. »Und mit Vornamen Sebastian.«

»Das ist ja lustig, er heißt auch Sebastian«, warf plötzlich der zweite Entrümpler ein und tippte seinem Bruder auf die Schulter.

»Mit Vornamen?«, fragte ich dummerweise. Die beiden machten mich wirklich verrückt.

»Ja, und ich Stefan.«

»Die zwei Brüder Sebastian und Stefan«, rief ich irgendwie feierlich, keine Ahnung warum, und versuchte, die beiden zum Bungalow zu bugsieren. Ich musste dringend aus dieser seltsamen Unterhaltung rauskommen.

Der erste Entrümpler sah mich verwundert an. »Wie kommst du darauf, dass wir Brüder sind, Lehmann?«

»Sie … Äh … ihr seht euch ziemlich ähnlich.«

»Das hat uns noch niemand gesagt.«

Das konnte er nicht ernst meinen. Beide hatten blonde schulterlange Haare, die ihnen schon auszugehen drohten. Dazu blaue wässrige Augen. Sie waren gleich groß und gleich dünn und erinnerten stark an den Komiker Otto in seinen jungen Jahren.

»Wir kommen zwar aus dem gleichen Dorf, aber sind nicht verwandt.«

»Wie viele Leute wohnen denn bei euch im Dorf?«, fragte ich.

»Nur zwei Familien«, sagte der eine.

»Seine und meine«, ergänzte der andere.

Ich ließ das Thema lieber fallen.

Stefan und Sebastian begannen die Laube auszuräumen und die Möbel zu zerhacken wie einen Stapel Brennholz. Gut gelaunt zertrümmerte Stefan mit einem riesigen Hammer die Couch in kleinste Stücke. Sebastian stapelte die Teile in den Lastwagen. Dabei riefen sie sich ständig Beleidigungen zu, die irgendwie gar nicht böse, sondern eher freundlich wirkten, vielleicht auch brüderlich. Sowas wie: »Das kannste, du Schwächling, doch nicht alleine tragen! Komm ich helf dir.« Oder: »Mach mal hinne, sonst lass ich dir die Couch auf deine grazilen Füße fallen, du kleine Fee.«

Ich sah ihnen hilflos dabei zu, denn leider gab es für mich nichts zu tun. Bevor die beiden angekommen waren, hatte ich schon die Unkrautbäume gejätet, die in der Woche unserer Abwesenheit wieder hüfthoch aus dem Rasen gewachsen waren. Ich kam mir doof vor: Andere arbeiteten für mich. Womit hatte ich es verdient, dass nicht ich diese vergammelten Möbel schleppen musste? Ich hatte lustige Geschichten geschrieben und auf Bühnen vorgelesen. Dafür hatten mir Leute Geld in Form von Eintritt gegeben. Damit bezahlte ich jetzt die Otto-Brüder. Das schien mir ungerecht. So lange hatte mir die Gesellschaft eingeredet, dass Kunst und Unterhaltung keine richtige Arbeit sei – mittlerweile glaubte ich es selbst. Jedenfalls wenn ich anderen – richtigen – Arbeitern zusah. In Berlin dagegen vergisst man schnell, dass solche Arbeiter überhaupt noch existieren, alle machen ja was mit Medien und scheitern daran, eine Glühbirne zu wechseln, ohne an einem Stromschlag zu sterben.

Ich packte also mit an. Zuerst trug ich einen Stuhl zu ihrem Anhänger. Dann einen Hocker. Schließlich nahm ich ein kleines Regal von der Wand. Eine riesige Spinne platschte direkt neben mir auf den Boden. Ich schrie auf und rannte nach draußen, wo ich erstmal hyperventilierte.

Stefan kam zu mir. »Was'n los, Lehmann?«

»Spinne«, schrie ich schrill und klopfte hysterisch meine Kleidung ab. Nicht, dass die irgendwo auf mir saß. »Riesige Spinne.«

»Was? Das kleine Ding war schon zu groß?«

Ich sah ihn entgeistert an. »Es gibt noch größere?«

Stefan brach ich lautes Gelächter aus.

Ich half dann nicht mehr.

Schließlich hatten die beiden die gesamte Laube ausgeräumt. Auch der Teppich lagerte bereits im Lastwagen, nachdem ihn Stefan mit einem säbelartigen Werkzeug in winzige Teile geschnitten hatte. Sah schon alles viel besser aus im Bungalow. Eigentlich musste man jetzt nur noch die Tapete von den Wänden ziehen, streichen, ein neues Klo und Waschbecken einbauen, die Fenster und die Tür reparieren, alles putzen, sämtliche Ritzen, in denen sich Spinnen verstecken könnten, zuspachteln, eine neue Decke einziehen und einen schönen neuen Boden verlegen. Ein Kinderspiel für jemanden wie mich. Das dachte ich wirklich. Meine Freundin ebenfalls. Oder vielleicht dachte ich einfach gar nicht so richtig darüber nach, sondern sah vor meinem inneren Auge den renovierten und fertig eingerichteten Bungalow. Wie ein kleines Schloss, in das ich bald einziehen durfte. Wahrscheinlich einer unserer folgenreichsten Fehler: Wir dachten vom Ergebnis her. Heim- und Handwerker sahen dagegen wohl eher den Prozess.

Eigentlich neige ich nicht dazu, mich selbst zu überschätzen. Meine Freundin auch nicht. Im Gegenteil. Wir glaubten trotzdem beide, das könnten wir schon alles an ein paar Wochenenden mit ein wenig Hilfe von Igor hinkriegen. Dabei war das nicht alles. Wir mussten ja nicht nur das Innere des Bungalows renovieren, sondern ebenfalls die Außenwände und die Fensterrahmen streichen. Außerdem diese überdachte Veranda abreißen und ein schönes Holzdeck bauen. Von der Gartenarbeit mal ganz abgesehen.

Wie kam es, dass wir unsere Fähigkeiten so komplett falsch einschätzten? Vermutlich freuten wir uns einfach zu sehr, endlich einen eigenen Garten zu besitzen. Wir hatten jeglichen Realitätssinn verloren. Schließlich mussten wir nebenher noch arbeiten. Meine Freundin wenigstens. Ich eigentlich auch. Entrümpler zum Beispiel fragten nicht, ob ich das Geld mit dem Vorlesen von Witzen verdient hatte. Sie nahmen es einfach, steckten es in eine der unzähligen Taschen ihrer Arbeitshosen und gaben es korrekt bei ihrer Steuererklärung an.

Wir scheiterten dann schon an der Tapete. Sie kam zwar runter – allerdings nur die erste Schicht. Die zweite klebte sehr fest an der Wand, die hoffentlich nicht aus Asbest bestand. Wir arbeiteten uns Zentimeter um Zentimeter voran, schabten und ritzten die Wände wie ein selbstmordgefährdeter Teenager seine Arme. Es dauerte zwei Tage und sah am Ende nicht besonders gut aus. Dann strichen wir die Wände weiß. Die Wände, die hoffentlich wirklich nicht aus Asbest bestanden, saugten sehr viel Farbe. Man musste mindestens zweimal drüberstreichen. Eher viermal. Wir brauchten auch dafür wieder zwei Tage. Und ja: Am Ende sah es nicht besonders gut aus. »Gut genug«, sagt ein Freund von mir immer. »Gut genug«, sagte ich also zu meiner Freundin. Sie brach in Tränen aus.

Drei sonnige Wochenenden hatten wir jetzt schon im Inneren unserer Datsche verbracht. Zum Glück konnten wir in der Laube von Clara und David übernachten. Ohne die beiden wären wir aufgeschmissen gewesen. Wir machten uns immer am Samstagmorgen auf den Weg zur Datsche, arbeiteten dann Samstagnachmittag und Sonntag tagsüber und fuhren Sonntagabend wieder zurück nach Berlin. Wie alle anderen Berliner auch, die das Wochenende auf dem Land verbracht hatten. Dreieinhalb Stunden bis nach Hause. Nicht nur das Arbeiten machte mich vollkommen fertig, auch die »normale Verkehrslage«.

Einzige Erfolgsmeldung bis jetzt: Wir hatten uns noch nicht getrennt.

Nur wenige Aktivitäten bereiten mir noch schlechtere Laune als Handwerken. Vielleicht im Sechserabteil eines ICE zusammen mit einer siebenköpfigen Familie und einem Hund zu sitzen, der immer versucht, mich zwischen den Beinen abzulecken.

Ein exemplarischer Streit mit meiner Freundin:

»Scheiße. Scheiße. Die Scheißtapete geht verschissen nochmal nicht von der Scheißwand«, schrie ich und pfefferte meinen Spachtel ins funktionsuntüchtige Klo.

»Bald haben wir es geschafft. Bestimmt nur noch acht, neun Stunden«, versuchte meine Freundin, optimistisch zu bleiben.

»ICH fand die Tapete ja in Ordnung. Von mir aus hätten wir die Tapete auch dranlassen können«, rief ich. »Aber DU wolltest die Tapete ja unbedingt abreißen.«

»Du wolltest das doch auch, du unfähiges Arschloch!«, entgegnete meine Freundin jetzt ebenfalls mit leicht aggressivem Unterton. »Wäre ich bloß mit einem richtigen Mann zusammen, der wenigstens eine Tapete abreißen kann.«

»Das ist IMMER so mit dir. Es geht IMMER nur um dich«, argumentierte ich jetzt ebenfalls offensiver. »Wie damals vor fünf Jahren, als du deinen Exfreund zufällig im Supermarkt getroffen hast und ihr dann zweieinhalb Minuten miteinander geredet habt. Einfach so. HA!«

Ich stürmte aus der Datsche und schwamm erstmal sieben Runden im See, um mein Gemüt abzukühlen. Das funktionierte meist ganz gut. Meine Freundin pflanzte in der Zwischenzeit Lavendel in das Beet unten an der Eiche. Gärtnern beruhigte sie eben.

Danach schabten wir bis zum Sonnenuntergang weiter die Tapete ab.

Als Nächstes nahmen wir uns den Boden im Bungalow vor. Wir wollten einen neuen Boden verlegen. Aber welcher sollte es sein? Heinz wusste Bescheid: »Der Boden muss durchlässig sein, wenn's im Winter feucht wird im Bungalow. Der Boden muss atmen wie ein junger Hundewelpe.« Heinz ahmte Atemgeräusche nach, dann hustete er. Er kratze sich am Feinripp, zog an seiner selbstgedrehten Zigarette und legte seine Stirn in Falten. »Du musst Holz nehmen, Junge, nicht Laminat oder so anderes Plastikzeug.«

Ganz überzeugt war ich nicht. Würde sich der Holzboden nicht vielleicht vollsaugen und wellen, wenn er feucht würde? Und warum sollte der Boden im Bungalow überhaupt feucht werden? Das Dach war doch dicht. Oder?

Plötzlich musste ich so viel bedenken. Entscheidungen zu fällen, bereitet mir ohnehin Probleme. Wenn ich nicht weiterweiß, versuche ich, Vor- und Nachteile abzuwägen und eine vernünftige und logische Schlussfolgerung zu treffen. Nicht umsonst habe ich 17 Semester Philosophie studiert. Oder eigentlich doch. Immerhin weiß ich, dass aus zwei Prämissen eine Konklusion folgt. Aber was soll ich tun, wenn ich keine Ahnung habe, wie die Prämissen lauten?

Die Bodendialektik überforderte mich. Trotzdem durfte ich diese Entscheidung nicht auf die leichte Schulter nehmen, der Boden war ein wichtiger Teil des Bungalows. Auf ihm stand alles. Außerdem kostete Bodenverlegen nicht gerade wenig. Da sollte man sich nicht verschätzen.

Konnte ich Heinz und seiner Expertise vertrauen? Ich brauchte eine zweite Meinung. Der Onkel meiner Freundin wohnte leider weit weg in Süddeutschland, war jedoch passionierter Heimwerker. Ich rief ihn an und schilderte ihm mein Problem.

»Auf keinen Fall echten Holzboden einbauen!«, platzte es sofort aus ihm heraus. »Holz quillt auf, wenn es feucht wird. Du musst Laminat nehmen!«

Jetzt stand Aussage gegen Aussage. Ich bekam Schlafprobleme.

Schließlich fragte ich Igor um Rat. Immerhin ist er Innenarchitekt. Und Boden ist *innen*.

»Ich würde einen Betonboden reingießen«, sagte er, als ich ihn in seinem Atelier aufsuchte. Also, in dem kleinen Abstellraum seiner normalen Wohnung. Er saß am Schreibtisch und kaute auf einem Bleistift, vor ihm ein Zeichenblock, auf den er eine nackte Frau gemalt hatte. »Diese Betonoptik ist total hip gerade. Dazu ein paar Sukkulenten, ein graues Sofa und eine alte Glühbirne, die lose von der Decke hängt. Mehr braucht ihr nicht.«

»Ich soll Beton auf Beton gießen?«, fragte ich. »Das ist doch Blödsinn.«

Igor räusperte sich und sah mir direkt in die Augen. »Du musst nicht auf mich hören, Sebastian. Ich habe zwar acht Jahre Innenarchitektur studiert, aber ich habe bestimmt keine Ahnung.«

»Du hast acht Jahre lang studiert? Wie man eine Wohnung einrichtet?«

»Du hast acht Jahre studiert, wie man logisch denkt, und scheiterst daran, einen Bodenbelag auszusuchen.«

So kam ich nicht weiter, ich musste mit meiner Freundin darüber reden.

»Welcher Boden?«, schrie ich also eines Nachts um halb vier, als ich mal wieder seit Stunden wach lag.

»Was ist los?«, grummelte sie und schlief sofort wieder ein.

»Welcher BODEN?«, schrie ich noch lauter. »Holz oder Laminat? Oder vielleicht sogar Holzlaminat? Das gibt es anscheinend auch, habe ich gestern auf der Homepage des Baumarkts gesehen. Es ist furchtbar! Ich werde verrückt.«

Meine Freundin öffnete wieder die Augen. »Wir nehmen echtes Holz, das sieht besser aus als Laminat. Hab eh schon beim Baumarkt 25 Quadratmeter Klick-Parkett bestellt.«

Erleichtert atmete ich auf. Ich musste mich nicht mehr entscheiden, sie hatte alles schon geregelt. Ich liebe meine Freundin für ihren ästhetischen Pragmatismus. Beruhigt schlief ich endlich ein.

Die Panik kehrte wieder zurück, als ich zwei Tage später das Holzparkett im Baumarkt abholte. Es war sowohl sehr schwer, als auch sehr teuer. Immerhin sah es wirklich schön aus.

»Ach, was soll's«, rief ich aus und lachte hysterisch. Die anderen Baumarktbesucher sahen mich misstrauisch an. Jetzt hatten wir schon so viel Geld ausgegeben, dann kam es auf 990 Euro mehr auch nicht mehr an.

Eine Warnung an alle, die sich eine Datsche zulegen wollen. Überhaupt an alle, die sich irgendetwas Teureres gekauft haben – und dann denken: Ach, auf 1000 Euro mehr oder weniger kommt es nicht mehr an. Das ist ein fataler Gedanke. Natürlich kommt es darauf an. Außer man ist Jeff Bezos. Aber Jeff Bezos kauft sich keine Datsche in Mecklenburg-Vorpommern, wenn er mal etwas Landluft schnuppern möchte. Jeff Bezos kauft wahrscheinlich gleich ganz Mecklenburg-Vorpommern. Oder eher Hawaii. Er hat ja die Wahl.

Ich hievte die Parkett-Pakete in den Kofferraum meines Autos. So konnte man sein Auto auch tiefer legen. Zumindest den hinteren Teil. Dann sah ich mir auf dem Handy ein YouTube-Video an, das erklärte, wie man Klick-Parkett verlegte. Es schien relativ einfach – das Video dauerte nur eineinhalb Minuten. Und der Typ darin verlegte ungleich mehr Parkett. Eine ganze Wohnung verlegte er in den eineinhalb Minuten, das Parkett klickte, er hämmerte, drückte und zog – zack: fertig. Der ganze Bungalow war vielleicht so groß wie ein herkömmliches Zimmer, ich würde höchstens 20 Sekunden brauchen.

Zum Glück sagte der Typ im Video auch, was ich brauchte: eine Stichsäge oder einen Fuchsschwanz, einen Parkett-Schneider und ein Zugeisen. Ich googelte schnell »Zugeisen«. Aha, so ein seltsames Metallteil. Lag zum Glück im Baumarkt direkt neben den Parkettstapeln. Ich lachte wieder hysterisch, als ich es fand. Ein anderer Kunde versteckte sich schnell hinter einer marmorierten Küchenarbeitsplatte. Ich musste wirklich aufpassen, nicht komplett wahnsinnig zu werden. Einen Fuchsschwanz besaß ich immerhin, das Schneidedings konnte ich im Markt ausleihen. Der Baumarktmitarbeiter wünschte mir viel Glück und strahlte mich an, als er mir den überdimensionierten Parkett-Schneider aushändigte. Das machte mich ein wenig misstrauisch, aber vielleicht war er einfach nett.

Schließlich fuhr ich zum Garten. Dieses Mal dauerte die Fahrt nur zweieinhalb Stunden. Als ich ankam, ging gerade die Sonne unter. Ich lud die schweren Parkettstapel aus und trug sie zur Datsche. Wie immer umschwirrten mich unzählige aggressive Stechmücken wie eine Kuh. Völlig erschöpft setzte ich mich in den Bungalow von Clara und David. Er war perfekt eingerichtet, gemütlich, mit schönem Holzboden. Holz! Heinz hatte wohl wirklich recht.

Alles juckte. Die Stiche, aber auch ein Ausschlag in beiden Armbeugen. Entweder reagierte ich auf das Anti-Mücken-Spray allergisch oder gegen die Natur hier überall. Das vergisst man ja immer, wenn man in seiner sauberen Stadtwohnung sitzt und von einem eigenen Garten träumt: Die Natur hat nicht auf den Menschen gewartet. Die macht einfach ihr Ding. Wir Eindringlinge können sie ein wenig eindämmen und zähmen, doch die Natur ist ein mächtiger Feind. Sie bringt Spinnen und Mücken hervor und Gräser und Pollen, die meine Augen anschwellen lassen und einen beschissenen Ausschlag auf meine Arme zaubern, sobald ich mich hier im Garten bewege. Vielleicht lag es aber auch am See. Sein Wasser hatte sich im Laufe des Frühlings erstaunlich braun eingefärbt. In der Zeitung schrieben sie von gefährlichem Blaualgenbefall einiger Seen in Ostdeutschland.

Ich legte mich ins Bett. Im Augenwinkel sah ich einen großen schwarzen Fleck, der sich erstaunlich schnell mit seinen acht Beinen über die Decke bewegte. Selbst hier kamen sie rein, obwohl Clara und David sämtliche Fenster und die Türen ihres Bungalows mit engmaschigen Fliegennetzen bespannt hatten. Die Natur findet immer einen Weg zu nerven.

Schlecht gelaunt kratzte ich mich in den Schlaf.

Am nächsten Morgen weckte mich Hundegebell. Ein Dorfeinwohner führte seinen Kläffer am Uferweg entlang. Ich stand auf und dehnte meine Glieder. Immerhin: Der Muskelkater vom Schleppen des Parketts tat weniger weh als befürchtet.

Ich fuhr mit dem Auto zur nächst größeren »Stadt«, etwa fünf Kilometer entfernt, um Frühstück zu holen. Der eifrige Leser wird es schon mitbekommen haben: Die Umgebung der Datsche kann nicht gerade als urban beschrieben werden. Unser Grundstück liegt am Rand eines winzigen Dorfs. Das Dorf besitzt einen See, mehrere Häuser, eine schöne Kirche aus dem 13. Jahrhundert, deren Turm, wie Wikipedia verkündet, seit »Sicherungsmaßnahmen in den Neunzigerjahren nicht mehr akut einsturzgefährdet ist« – und erstaunlicherweise einen eigenen Wikipedia-Eintrag. Es gibt keinen Bäcker, keinen Laden, kein Gasthaus, keine Poststelle und kein Autohaus. Und die finden sich eigentlich fast an jedem Dorfrand. Man ist hier schließlich auf ein eigenes Auto angewiesen, denn selbstverständlich existiert auch kein Bahnhof. An der Bushaltestelle hält nur zweimal täglich der Schulbus. Die andere, »echte« Bushaltestelle befindet sich einen knappen Kilometer von der »Dorfmitte« entfernt an der Landstraße. Und diese Landstraße führt zur »Stadt«. Sehr viele Anführungsstriche hier.

In der »Stadt« dagegen haben sich alle Geschäfte angesiedelt, die es in den umliegenden Dörfern nicht mehr gibt: vier Supermärkte, zwei Tankstellen, eine Bankniederlassung sowie ein griechisches Restaurant, das sehr treffend »Der Grieche« heißt und ausschließlich Fleischspeisen anbietet. Außerdem ein modernes Küchencenter, das aussieht wie ein Ufo, das sich verflogen hat und jetzt im Mecklenburger Sand feststeckt.

Auf dem Parkplatz in der »Stadt«mitte hat man sogar Internetempfang. Dort kann man tagsüber Menschen beobachten, die regungslos in Autos sitzen und auf Handys starren. Ich gehöre regelmäßig zu ihnen.

In einem der Supermärkte kaufte ich Kaffee, Brötchen und Käse, fuhr wieder zurück und setzte mich auf den einen Stuhl, den wir besaßen. Die Sonne schien, und es war vollkommen ruhig. Kein Baulärm, keine Autos, nicht mal Hundegebell. Nur die Geräusche der Natur, die mir auf einmal auch nicht mehr so feindlich vorkam. Irgendwie war ich sogar ein Teil von ihr. Ich sah zum See, dessen blaubraune Oberfläche zwischen den Bäumen schimmerte. Die Sonne wärmte meine Haut, die kaum noch juckte. Vielleicht war ich für einen Augenblick glücklich.

Doch jetzt musste gearbeitet werden. Halbwegs guter Dinge begann ich das Parkett zu verlegen. Es ging erstaunlich einfach. Der Schneider schnitt perfekt, und die Parkettteile klickten schön ineinander. In einer Stunde hatte ich schon sechs Bahnen geschafft, bestimmt ein Viertel der Datsche. Erschöpft, aber zufrieden betrachtete ich mein Werk: Das Holzparkett sah wirklich sehr gut aus, dunkel und edel. Ich zog meine Schuhe aus und betrat vorsichtig an einem Ende das Parkett – das andere Ende schnellte wie eine Wippe auf einem Spielplatz in die Höhe. Eine fette Spinne, die darauf saß, wurde in die Höhe geschleudert.

Entsetzt machte ich noch einen Schritt. Das Parkett sprang aus den Fugen. Ernsthaft? Ich ließ mich auf den Boden fallen und besah mein sinnloses Werk. Der Betonuntergrund war viel zu uneben, um darauf Parkett zu verlegen. Warum hatte mir das niemand gesagt? Warum war ich nicht selbst darauf gekommen?

Ich rief Igor an.

»Der Boden ist uneben, es funktioniert nicht mit dem Klick-Parkett«, sagte ich leise.

»Sebastian«, antwortete er betont gelassen. »Habe ich dir nicht gesagt, dass du noch Beton auf den Beton gießen musst? Dann wird der Boden nämlich eben.«

»Das kann ich doch nicht selber«, rief ich. »Beton zu gießen ist viel zu krass für mich!« Plötzlich fingen meine Arme wieder an zu jucken, schlimmer als je zuvor.

Die Verbindung brach plötzlich ab. Natürlich kein Empfang.

Ich trat hinaus in den Garten. Dunkle Wolken waren aufgezogen, es nieselte leicht.

Heinz tauchte am Gartentor auf.

»Na, wie läuft's?«, rief er.

Ich schlug mit dem beschissenen Zugeisen, das ich immer noch sinnlos in der Hand hielt, gegen die Wand des Bungalows.

Langsam begriff ich, dass das alles nicht einfach werden würde. Im Gegenteil: Es würde alles ganz furchtbar schwer werden.

Tiere 2: Schnecken

Eine andere, dunkle Kindheitserinnerung spielt ebenfalls im Garten meiner Eltern. Die Bilder haben sich unauslöschlich in mein Bewusstsein gegraben: Igor und ich hatten Nacktschnecken getötet. Einfach so. Kinder sind grausam. Sie machen Dinge einfach, weil sie es können.

Wir fanden es irgendwie faszinierend, als der graugelbe Schleim aus den zerteilten Schnecken herausfloss wie beim Ausdrücken eines eitrigen Pickels. Die zwei Schneckenhälften führten noch ein paar Sekunden ein seltsames glibberiges Eigenleben fort und verendeten dann qualvoll. Ich schäme mich immer noch. Obwohl ich Nacktschnecken wirklich gar nicht mag.

Der Philosoph Byung-Chul Han schreibt in seinem Gartenbuch *Lob der Erde*, dass er eigentlich alle Tiere mag, mit einer Ausnahme: »Aber ich habe ein wenig Mühe mit Fliegen, Mücken und Nacktschnecken.«[4] Töten würde er sie trotzdem nicht. Während ich sein Buch lese, bekomme ich ein noch schlechteres Gewissen. Schnecken mit Haus findet Han noch gut. Sie ähneln ihm, meint er, weil sie auch langsam und träge seien. Da kann ich mich gut mit identifizieren. Ohne Haus geht es aber gar nicht: »Die Nacktschnecken sind mir zu nackt, zu unbehaust. Ich empfinde aber kein Mitleid für sie. Sie sind mir zu penetrant.«[5] Damit beschreibt Han das Nacktschnecken-Problem eigentlich ziemlich perfekt.

Mein Vater bekämpfte die Schnecken im Freiburger Garten seit Jahrzehnten mit Bierfallen. Er grub Plastikbecher an strategisch günstigen Orten in den Blumenbeeten ein und füllte sie mit eigens dafür gekauftem schlechten Bier auf (das gute Rothaus trank er selbst). Tatsächlich mochten die Schnecken das Bier und ertränkten sich. Schon ein paar Tage später quollen die Becher mit toten Tieren über. Mein Vater fand das die am wenigsten grausame Art, Schnecken zu töten.

»Ist doch ein schöner Tod, im Bier zu ertrinken«, meinte er und nahm noch einen Schluck Rothaus.

Auch in unserem Garten in Mecklenburg leben natürlich Schnecken. Sie schleppen ihre Häuser mit sich herum wie einen Wohnwagen. Schnecken sind die Luxuscamper des Gartens. Seltsamerweise hängen sie oft an der Hauswand des Bungalows. Dabei sehen sie seltsam stoisch aus und scheinen sich gar nicht zu bewegen. Was aber nicht stimmen kann, denn wenig später sind sie verschwunden. Vielleicht kriechen Schnecken gar nicht langsam. Vielleicht täuschen sie einfach schon seit Jahrhunderten die Menschen, damit sie unbehelligt ihre Blumen und Salate essen können. Sie verlangsamen ihr Kriechtempo, sobald man sie anschaut. Unbeobachtet sind sie in Wahrheit schnell wie Katzen. Nur so kann ich mir erklären, dass sie während einer Nacht einen kompletten Salat auffressen können.

Meine Freundin legte gleich im Frühjahr ein großes Gemüsebeet an. Zucchini, Kürbis, Gurke, Tomaten. Die Setzlinge sprossen kräftig. Genauso wie die Blumen, die sie angepflanzt hatte. Sie wollte einen bunten Garten, immer sollte etwas blühen. Ihre Augen glitzerten freudig und auch ein wenig irr, als sie mir die Farbenpracht beschrieb, die unseren Garten bald in ein wahres Naturwunder verwandeln würde. Am Anfang bestimmten allerdings eher Grüntöne den Garten. Giersch wuchs einfach schneller als ein Rosenstock. Und es wuchs viel Giersch in unserem Garten. Im Gegensatz zu den Blumen meiner Freundin.

Blumen sind nämlich nicht nur schön, sondern auch total kompliziert und anspruchsvoll. Fast schon arrogant. Unsympathisch. Nie kann man es ihnen recht machen. Sie wollen Sonne, aber wenn es zu heiß wird, dann ist das auch wieder nicht recht, und sie sterben einfach. Sie wollen regelmäßig Wasser, doch zu viel Gießen führt ebenfalls zum Blumentod. Jede Blume braucht ihre ganz spezielle Umgebung. Schön nährstoffreich soll der Boden für die eine sein, die andere mag es lieber sandig. Wehe, da verwechselt man mal was: Tod im ganzen Garten.

Hat man alles richtig gemacht, heißt das jedoch noch lange nicht, dass der Garten in bunter Blütenpracht steht. Denn vielleicht überlegen sich die Blumen dieses Jahr, einfach nicht zu blühen, sondern nur sehr viele grüne Blätter zu produzieren. Oder sie blühen nur eine Woche im Jahr. Und zwar genau dann, wenn man gerade keine Zeit hat, den Tag im Garten zu verbringen.

Leider sind nicht alle Pflanzen so empfindlich. Der Giersch zum Beispiel scheint ziemlich anspruchslos. Schaut man mal für eine halbe Stunde nicht hin, hat er schon wieder einen Quadratmeter Garten mit seinen langweiligen grünen Blättern bedeckt.

Giersch ist wie Männer. Breitet sich überall ungefragt aus, bis sonst niemand mehr Platz hat.

Der schlimmste Feind der Blumen ist aber nicht der

rücksichtslose Giersch, stellten wir schnell fest. Sondern die Nacktschnecke. Nach ein paar Wochenenden im Garten tauchten sie plötzlich überall auf. Natürlich in den Blumenbeeten, aber manchmal kroch auch eine meinen Liegestuhl hoch oder über das Buch von Byung-Chul Han, das ich ins Gras gelegt und dort vergessen hatte. Ihre Verwandten mit Haus sahen wir kaum noch, sie schienen weitergezogen zu sein. Wie einst in Hemingways Buch über den alten Mann und das Meer, in dem ein Fischer den größten Fang seines Lebens macht – und dann auf der Rückfahrt mit ansehen muss, wie Haie seinen Fisch bis aufs Gerippe auffressen, so ließen die Horden von Nacktschnecken nur wenig von Gemüse und Blumen in unserem Garten übrig.

Giersch interessierte die Schnecken leider nicht. Auch noch anspruchsvoll dieses Viecher!

Meine Freundin sah traurig ihren ehemals wild ausgetriebenen Mangold an, der inzwischen nur noch aus einem Stiel bestand.

Ich schlug Bierfallen vor.

Sie sah mich skeptisch an. »Lockt das die Schnecken nicht eher an?«

»Ja, aber dann gehen sie ins Bier und nicht an deine Blumen.«

Wir vergruben also einen Becher und füllten ihn mit Bier auf. Es funktionierte tatsächlich. Allerdings ekelten wir uns beide so vor den aufgequollenen Schnecken, die ein paar Tage später tot im Becher trieben, dass ihn keiner entsorgen wollte. Außerdem fanden wir es immer noch ziemlich grausam. War das wirklich besser als Igors und meine Zerschneide-Aktion damals? Die Schnecken ertranken zwar in schönem Bier (ich hatte im Gegensatz zu meinem Vater extra teures amerikanisches Craft Bier gekauft), trotzdem ertranken sie eben und starben.

Meine Freundin begann, die Schnecken umzusiedeln. Ich beobachtete sie, wie sie die nackten Kriechtiere mit einer Schaufel behutsam vor den Zaun unseres Gartens trug. Sie mag Tiere jeder Art einfach gern (außer selbstverständlich Spinnen). Nacktschnecken: die Rehe des Blumenbeets.

Die humane Schnecken-Umsiedlung schien nicht perfekt zu funktionieren, denn wir sind für offene Grenzen. Gartenzaungrenzen eingeschlossen. Für alle. Auch wenn man bei den Schnecken ausnahmsweise mal zu Recht von einer »Masseneinwanderung« sprechen konnte.

Im Laufe des Sommers verschwanden die Schnecken zum Glück. Wahrscheinlich lag es an der übermäßigen Hitze in diesem Jahr, als Schnecke hat man es ja gern feucht und kühl. Blumen und Gemüse machte nun die Trockenheit zu schaffen.

Im Herbst entdeckte ich dann eine fast leere Tüte Schneckenkorn. Sie lag kaum sichtbar im Schuppen hinter dem Gartenwerkzeug versteckt. Hatte meine tierliebe Freundin zum Schutze ihrer Pflanzen doch zum letzten grausamen Mittel gegriffen? Vertrieb nicht die Sonne die Schnecken, sondern Chemie?

Ich fragte nicht nach. Eine Beziehung war wie ein Garten, dachte ich, sie lebte von ihren Geheimnissen. Das hätte Heinz auch nicht besser sagen können.

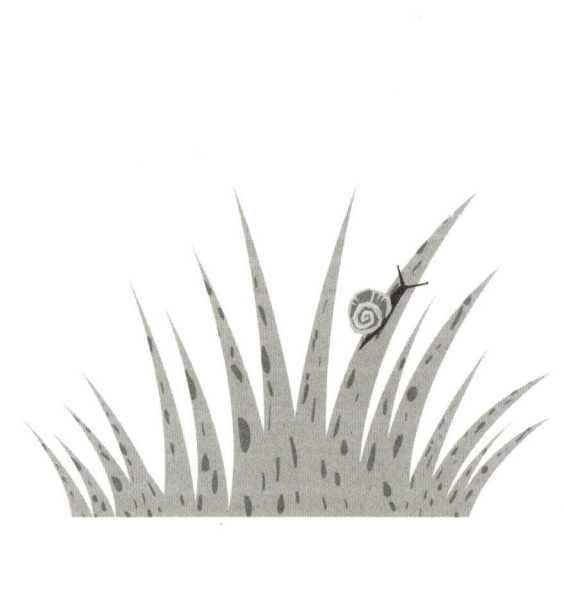

Der Baumarkt

Einer der Vorbesitzer unseres Gartengrundstückes hatte an den Bungalow eine riesige überdachte Veranda gebaut. Wie es aussah, eigenhändig. Handwerklich schien er noch unbegabter gewesen zu sein als ich. Wenn das überhaupt geht. Eine überdachte Veranda aus meiner Handwerkerhand hätte jedenfalls ähnlich ausgesehen: krumm und schief, mit riesigen Schrauben, die aus Balken ragten wie Windräder auf dem flachen Mecklenburger Land. Außerdem erschloss sich uns der Sinn einer überdachten und bis auf ein etwa schießschartengroßes Aussichtsloch luftdicht verschlossenen Veranda nicht. Bei schlechtem Wetter kann man doch einfach in den Bungalow gehen.

Wir rissen also alles ab. Dekonstruktion ist mein Ding. Kaputt machen kann ich gut. Ich verletzte mich auch kaum. Nur drei Fleischwunden am Arm, ein verstauchtes Handgelenk und zwei blaue Augen. Also zweimal das gleiche. Und einmal fiel eine schwere Dachlatte auf meine Freundin. Sie steht grundsätzlich im Weg, wenn ich dekonstruiere. Dabei hatte ich ihr ausdrücklich geraten, genügend Sicherheitsabstand zu halten – und in Berlin zu bleiben.

Nach drei Tagen hatte ich die Veranda abgerissen. Jetzt war Konstruktion angesagt. Statt der verwinkelten, dunklen Veranda wollten wir ein schönes, freistehendes Holzdeck vor der Datsche errichten. Darauf würden wir uns dann sonnen und den einen oder anderen Cocktail schlürfen. Ich sah das schon genau vor meinem inneren Auge. Jetzt mussten wir es nur noch bauen. Also nicht wir. Sondern Igor.

Igor besitzt sogar einen eigenen Werkzeugkasten.

»Als Innenarchitekt brauche ich naturgemäß einen Werkzeugkasten«, sagte er auf der Fahrt zur Datsche. »Ein Innenarchitekt muss auch manchmal selbst Hand anlegen.«

Igor erzählt grundsätzlich jedem, dass er Innenarchitekt ist. Auch ungefragt. Ich kann mir allerdings nicht so recht vorstellen, wie ein normaler Arbeitstag von ihm aussieht. Wahrscheinlich flaniert er durch viel zu große Wohnungen älterer Damen in Charlottenburg und arrangiert. Igor kann wirklich gut arrangieren. Blumenvasen und Stehlampen und dekorative Bücherstapel. Manchmal sagt er auch kryptische Sachen wie: »Ich finde diese Toilette zu monumental.« Oder: »Stühle müssen nicht bequem sein, sondern geometrisch.«

Seltsamerweise interessieren ihn die Bezeichnungen der Möbel, die er arrangiert, nicht. Einmal, als er mich zu Hause besuchte und ein neues Regal bemerkte, sagte er: »Schöner neuer Schrank.« Ein Schrank scheint für ihn alles, in dem man Sachen aufbewahren kann, also ebenfalls Regale oder Kommoden. Dann gibt es noch das Sofa. Das meint alles, auf dem man bequem sitzt, also auch Sessel oder gepolsterte Hocker oder ein Kissen auf dem Boden.

Ein Innenarchitekt, der sich nicht für Möbel interessiert, sollte also unsere Datsche ausbauen. Leider hatte ich keine Wahl. Ich kenne sonst nur Autoren, Journalisten und Lektoren. Und einen Posaunisten.

Bevor wir in den Garten fuhren, mussten wir erst noch in einen Baumarkt, um Holzlatten für das Holzdeck zu kaufen. Das Angebot im Baumarkt der »Stadt« (also die fünf Kilometer entfernte) beschränkt sich leider hauptsächlich auf Kettensägen und Steine. Mehr schien man in Mecklenburg-Vorpommern nicht zu brauchen. Außerdem schüchterte mich sein Name ein; er hieß »Profi«.

Schließlich fanden wir einen halbwegs normalen Baumarkt in der nächsten größeren Stadt, also wirklich Stadt. Nein, diese nächste größere Stadt ist nicht Berlin. Auch nicht Hamburg. Aber es ist eine Stadt ohne Anführungszeichen mit Bahnhof, Fußgängerzone und mehr als 10 000 Einwohnern.

Ein kleiner Exkurs zur geographischen Einordnung, damit es auch die Städter verstehen: Bei einer Fahrt zum Baumarkt in die richtige Stadt handelt es sich nicht um einen kurzen Abstecher. Ein Besuch im Baumarkt muss gut geplant werden, wenn man mal was vergisst, bedeutet das eine weitere Stunde Fahrtzeit. Halbe Stunde hin, halbe Stunde zurück.

Der Baumarkt war komplett leer. Zwar lagerten ausreichend Waren in den Regalen, Menschen entdeckten wir jedoch keine. Weder Kunden noch Angestellte. Aus den Lautsprechern säuselte das Lied *Listen to your heart* von Roxette, das ich wahrscheinlich zum letzten Mal 1998 gehört und seitdem auch nicht vermisst hatte.

Aus Diskretion möchte ich diesen Baumarkt hier nur »Amateur« nennen.

Wir suchten auf eigene Faust nach den passenden Latten und fanden sogar ein paar Restbestände. Sie sahen aus, als hätte sie jemand auf einer Baustelle geklaut.

Plötzlich stand ein Mitarbeiter neben uns. Er lächelte

nett und trug wie die Entrümpler-Ottos eine Arbeitshose mit unzähligen Taschen, in denen ein Meterstab, ein Schraubenzieher, drei Hammer in verschiedenen Größen und etwa 20 Kugelschreiber steckten. Auf seinem T-Shirt prangte stolz der Name des Baumarkts und das in diesem Zusammenhang etwas kryptische Wort »Ideengeber«.

»Kann ich Ihnen helfen?«, fragte der Mitarbeiter.

»Wir suchen Latten. Aber die scheinen alle kaputt zu sein«, sagte ich.

»Vielleicht haben Sie ja eine Idee, was man da machen kann?«, konnte sich Igor nicht verkneifen zu fragen. »Ich bin nämlich Innenarchitekt.«

»Ach, das ist ja uninteressant«, antwortete der Mitarbeiter und untersuchte die Latten.

»Das hat er nicht gerade wirklich gesagt?«, flüsterte Igor mir zu.

»Jawohl. Die sind alle kaputt«, beschied der Ideengeber schließlich. »Das ist ja schwul.«

Igor und ich blickten uns überrascht an. Der Baumarktmitarbeiter sah eigentlich nicht aus wie ein dreizehnjähriger Schüler auf einem Weddinger Schulhof. Oder wie ein Zeitreisender aus den Neunzigerjahren.

»Das hat er nicht gerade wirklich gesagt«, flüsterte Igor mir wieder zu.

»Vielleicht hat er Tourette«, flüsterte ich zurück. »Oder er hasst dich einfach.«

Doch der »Amateur«-Ideengeber lächelte uns freundlich an.

»Im Lager ham wa noch mehr«, flötete er. »Wie viele Latten brauchen Sie denn?«

»Fünfzehn«, sagte ich.

Der Mitarbeiter verschwand.

»Wollte er uns beleidigen?«, fragte Igor. »Denkt er, weil wir ein männlicher und ein femininer Mann sind … Das ist ja krass!«

»Ich bin nicht feminin!«, sagte ich.

»Du spreizt den kleinen Finger ab, wenn du einen Schraubenzieher benutzt.«

»Na gut. Aber der Typ wirkt doch eigentlich ganz nett. Vielleicht haben wir uns nur verhört.«

Schon stand der Baumarktmitarbeiter wieder vor uns. »Hier, Ihre Latten.«

Warum mussten wir auch ausgerechnet Latten kaufen?

Er hievte sie auf unseren Einkaufswagen. »Diese Latten sind megafetzig, oder?«

»Das hat er nicht gerade wirklich gesagt«, zischte Igor wieder.

»Vielleicht ist er für immer in den Neunzigerjahren gefangen«, flüsterte ich.

»Soll ich die Latten denn zuschneiden?« Der Mitarbeiter kicherte.

»Ja, gern.«

»Ham Sie das genaue Maß?«, fragte er. »Sonst ist das ja voll schwul.«

»Was?«, rief ich.

»Schwul«, sagte der Mitarbeiter etwas zu laut.

»Wer?«, fragte Igor.

»Wie ist das Maß?«

»2,60 Meter«, sagte ich schnell.

»Sicher?«, fragte der Mitarbeiter.

»Ja, sonst wär's ja schwul«, sagte Igor.

»Genau!«, stimmte der Ideengeber zu. »Megaschwul.«

»Wir bräuchten noch Nägel«, sagte Igor, dabei stimmte das gar nicht. »Damit wir die Latten nageln können.«

»Aufhören, Igor!«, rief ich. Der Ideengeber aus den Neunzigern war zum Glück mit dem Einkaufswagen schon zur Holzschneidemaschine unterwegs. Dabei pfiff er bei *Go West* von den Pet Shop Boys mit, das Roxette im Baumarktradio abgelöst hatte.

Zehn Minuten später schoben wir unseren Wagen mit den zugeschnittenen Latten zum Ausgang. Die Kassiererin lächelte uns ebenso freundlich an wie der Tourette-Ideengeber.

»Na, bauen Sie was Schönes?«, fragte sie und wischte sich ihren blondierten Pony aus der Stirn. Ihre lila lackierten Plastik-Fingernägel waren lang und spitz wie Bohrmaschinen-Aufsätze. Wenn sie auf die Tastatur ihrer Kasse tippte, klackerte es laut.

»Ja, ich bin Innenarchitekt«, sagte Igor.

»Hach, das sieht man.« Die Kassiererin scannte unsere Latten ein. »Sie haben so zarte Hände, Herr Innenarchitekt.«

Igor lächelte sie an, und ich bekam das ungute Gefühl, dass uns hier alle verarschten.

Der Herr Innenarchitekt überraschte mich dann allerdings, als es an die Konstruktion des Holzdecks ging. Innerhalb eines Tages schaffte es Igor, aus den Ruinen der überdachten Veranda und den schwulen Holzlatten ein schönes und sogar halbwegs gerades Holzdeck zu zimmern. Er schien bei seinem Schreiner-Praktikum wirklich etwas gelernt zu haben. Und sein Werkzeug beeindruckte mich ebenfalls. Er besaß für jeden Handgriff das passende Gerät.

Ein erster handwerklicher Erfolg. Meine Leistung beschränkte sich dabei zwar nur auf moralische Unterstützung und hin und wieder einen helfenden Handgriff, aber immerhin ein Fortschritt: ein neues Holzdeck vor dem Bungalow. Sogar Heinz war in den Grenzen seiner Möglichkeiten beeindruckt: »Sieht ja aus!«, sagte er, als er zufällig vorbeikam.

Er kam sehr häufig »zufällig« vorbei. Um ganz unschuldig zu kontrollieren, wie es bei uns voranging.

Nun stand ich bis in alle Ewigkeit in Igors Schuld. Ich versicherte ihm, dass er, wann immer er wollte, umsonst in unserem Bungalow übernachten dürfe.

»Na, danke«, sagte er. »Dafür muss ich ihn ja erstmal auch noch innen renovieren.«

Plötzlich begannen meine Arme wieder zu jucken. Ich lenkte mich ab und fotografierte das neue Holzdeck, um es meiner Freundin zu schicken. »Schau, was wir heute geschafft haben«, schrieb ich ein wenig angeberisch dazu. Aber natürlich kein Netz. Ich müsste nochmal in die »Stadt« fahren, doch Igor hatte schon die Feuerschale, die wir ebenfalls im Baumarkt gekauft hatten, mit den Lattenresten gefüllt und ein schönes Lagerfeuer entfacht. Es wurde auch langsam kühl.

Wir setzten uns auf das neue Holzdeck und starrten in die auflodernden Flammen. Es ging voran. Ein bisschen.

Die Hecken der Anderen

»Die Hecke müsste man auch mal wieder schneiden.«

Der Spaziergänger auf der anderen Seite der Hecke sagte es so laut, dass ich es auf dem neuen Holzdeck sehr gut verstehen konnte. Dort sonnte ich mich gerade. Es war jetzt schon mein Lieblingsplatz im Garten. Allerdings überkam mich wieder das schlechte Gewissen. Danke, lieber Spaziergänger! Es fiel mir doch ohnehin so schwer, mich im Garten zu entspannen.

Diese Heckenfixierung ist mir auf dem Land schon häufiger aufgefallen, nicht nur hier in Mecklenburg. An der fachgerechten Beschneidung der Hecke entscheidet sich, ob du für den Garten gemacht bist oder nur zu diesen verkorksten Großstädtern zählst, die einen Weißdorn nicht von einer Thuja unterscheiden können. Es müssen natürlich noch unzählige andere Bedingungen erfüllt werden. Eine lückenlose Rasenfläche gilt zum Beispiel als ebenso unverzichtbar. Oder die Fähigkeit, große Mengen Kohle in einem Rundgrill in unter zehn Minuten zum Glühen zu bringen. Doch alles beginnt mit der Hecke.

Zeig mir deine Hecke, und ich sage dir, was für ein Mensch du bist.

Dabei hatte ich die Hecke erst vor zwei Wochen geschnitten. Zum dritten Mal schon, seit wir den Garten besaßen.

Inzwischen durfte man das eigentlich gar nicht mehr, weil die Vögel gern ihre Nester in den Hecken bauen und man dann ihren Schutz vernichtet. Oder vielleicht auch gleich den Vogel-Nachwuchs. Was für eine Horror-Vorstellung.

Kürzlich hatte ich in einem Gartencenter des »Amateur«-Baumarkts etwas sehr Schönes entdeckt: An einem Heckenstrauch im Außenbereich war ein Zettel angebracht worden, der darüber informierte, dass darin ein Vogelpaar sein Nest gebaut habe. Deswegen konnte man den Strauch nicht mehr kaufen. Vielleicht siegt am Ende doch das Gute. Auch wenn es global gerade nicht danach aussieht.

Die anderen Gartenbesitzer um uns herum scheinen da weniger Rücksicht zu nehmen. Ihre Hecken werden rund ums Jahr gestutzt, bestimmt einmal die Woche. Mindestens. Anders kann ich mir nicht erklären, dass sie immer perfekt frisiert aussehen. Also die Hecken, die Gartenbesitzer eher weniger. Die Hecken der Anderen gleichen geometrischen Figuren. Kein noch so kleines Zweiglein darf aus der Heckenskulptur ausbrechen. Unsere Hecke sieht dagegen aus wie ein ungekämmter Teenager, der gerade aufgestanden ist und dringend mal wieder zum Friseur müsste. Selbstverständlich nur für das ungeübte Auge. Denn der Teenager hatte sehr viel Zeit vor dem Spiegel verbracht, damit seine Haare so wild und unangepasst aussahen. Unsere Hecke ist so etwas wie der Robert Habeck unter den Gartensichtschutzgewächsen.

Der Vergleich hinkt ein wenig. Die seltsame Heckenfrisur rührt eher daher, dass ich im Umgang mit der ziemlich furchteinflößenden elektrischen Heckenschere noch ungeübt bin. Es geht eher darum, nicht zu sterben, indem ich aus Versehen das Stromkabel durchtrenne oder mir beide Arme absäge.

Eine halbe Stunde später kam wieder ein Nachbar an unserem Grundstück vorbeispaziert. »Die Hecke sieht ja aus wie dieser radikale Typ von den Grünen, der uns Autos und Schnitzel wegnehmen will!«

Er lachte sehr laut.

Es würde noch lange dauern, bis ich hier in der Datschensiedlung dazugehörte.

Das Problem ist aber nicht nur eins der Gewächsbeschneidung, sondern auch der Geographie. Wir kommen aus dem Westen. Und Datschen sind natürlich ursprünglich ein osteuropäisches Phänomen.

Was ist eine Datsche? Oder eine *Datscha*, wie es ursprünglich in Russland hieß, wo die ersten Kleingärten mit Bungalows entstanden sind. Wer nicht im Osten Deutschlands aufgewachsen ist, kann häufig mit diesem Wort nichts anfangen. Ein westdeutscher Bekannter, dem ich erzählte, dass ich eine Datsche gekauft hatte, sah mich nur verständnislos an.

»Ein Dacia?«, fragte er.

Er meinte das Auto.

Wir redeten dann ziemlich lange aneinander vorbei:

»Ja, die Datsche ist ziemlich alt und runtergekommen«, sagte ich. »Muss man noch viel dran machen.«

»Das könnte ich ja nicht«, rief der Bekannte.

»Ich eigentlich auch nicht, aber es war eben recht günstig.«

»Ja, diese Dinger kosten nicht so viel. Wer will die auch schon?«

»Na ja, ich ...?«

»In Berlin braucht man ja kein Auto.«

»Ich habe eine Datsche gekauft!«

»Ich dachte, ein Auto?«

Ich erklärte ihm, dass ich einen Garten mit einem kleinen Häuschen darauf gekauft hatte.

»Ach, einen Schrebergarten?«

»Ja. Oder: nein, eigentlich nicht. Eine Datsche ist schon etwas anderes. Glaube ich. Eher größer, das Haus und auch das Grundstück. Und nicht in der Stadt…«

Der Bekannte sah mich seltsam an.

Ich merkte, dass ich auch nicht so gut erklären konnte, worum es sich bei einer Datsche handelte. Aber Wikipedia hält natürlich eine schmissige Definition bereit: »Eine Datsche ist ein Grundstück mit einem Garten- oder Wochenendhaus, das der Freizeit und der Erholung dient und Hobbygärtnerei ermöglicht.«[6] Habe ich das Wort »Datsche« immer falsch gebraucht? Anscheinend handelt es sich bei einer »Datsche« um das gesamte Gebilde aus Bungalow und Grundstück.

Trotzdem musste ich erstmal lachen. Freizeit und Erholung – so ein Quatsch! Bis jetzt hatte ich nur Arbeit mit der Datsche gehabt. Und wenn ich mir so meine Gartennachbarn ansah, dann ging es bei ihnen ebenfalls kaum um Freizeit und Erholung. Außer man findet Hecken schneiden und Schweinehälften grillen erholsam. Aber Heinz sieht nicht gerade fröhlich aus, wenn er mit seiner riesigen Heckenschere seine geometrischen Skulpturen schneidet. Sein Gesichtsausdruck erinnert an einen der Bauarbeiter, die vor meinem Berliner Haus den Asphalt planieren. Heinz und meine anderen Nachbarn mit ihren riesigen Gemüsefeldern als Hobbygärtner zu bezeichnen, kann auch nur einer amerikanischen Webseite einfallen. Auf ihren Feldern wachsen unzählige Tomatenstauden, hoch wie Pappeln, Zucchini, dick wie Oberschenkel, Kürbisse in der Größe von Melonen und Melonen in der Größe von medizinischen Sitzbällen. Beim Gärtnern geht es sicher nicht um »Freizeit und Erholung«, sondern wie grundsätzlich in Deutschland: um Arbeit. Schließlich hört man hierzulande selten jemanden sagen: »Heute erhole ich mich mal schön in meinem Garten und genieße meine Freizeit.« Stattdessen stöhnen Gartenbesitzer theatralisch auf und rufen: »Ich muss noch so viel im Garten arbeiten. Es ist ein Jammer. Wie soll ich das nur alles schaffen?«

So war das allerdings nicht immer. Die ersten Datschen in Russland gehörten meist reichen Freunden des Zaren, deren Bedienstete die Drecksarbeit für sie verrichteten und die Hecken scherten, lese ich im Buch *Auf der Datscha. Eine kleine Kulturgeschichte.*[7] Nach der russischen Revolution nahmen jedoch auch normale Bürger Grundstücke auf dem Land in Besitz, um der beengten städtischen Umgebung zu entfliehen und Gemüse und Obst anzubauen. Ähnlich sah es später in der DDR aus. Schließlich gab es dort keine Bananen zu kaufen, da musste man die schon selbst züchten. Oder so ähnlich.

In Russland waren Datschen Anfang des 20. Jahrhunderts so weit verbreitet, dass sogar eigene Bahnlinien gebaut wurden, um die riesigen Datscha-Siedlungen anzubinden. Die waren anscheinend damals schon weiter als wir hier in Deutschland jetzt. Eine Art Datscha-Lifestyle überrollte Russland ab dem ausgehenden 19. Jahrhundert. Datscha-Zeitungen, Datscha-Kleider, Datscha-Bücher, Datscha-Spiele entstanden. Im Sommer zog die ganze Familie aufs Land, nur die Männer mussten morgens zur Arbeit in die Stadt fahren, was sie wohl sehr missmutig machte. Deswegen arbeiteten sie einfach weniger im Sommer. Das störte die Vorgesetzten kaum, da auch sie selbst so schnell wie möglich wieder zur Datscha zurückwollten. Russland schien wirklich ein sehr entspanntes Land gewesen zu sein. Gegärtnert wurde übrigens nicht besonders viel. Man musste ja die Datscha-Feste feiern und seinen Datscha-Liebschaften frönen. Ich lebe nicht nur in der falschen Zeit, sondern auch im falschen Land.

Ich nehme mir auch nochmal die Studie zu Kleingärten in Deutschland vor.[8] In der geht es zwar hauptsächlich um organisierte Schrebergärten, vor allem in den Randlagen von Städten, also nicht sowas wie unsere Wildkolonie im Nirgendwo. Aber ein paar interessante Fakten finde ich trotzdem: Tatsächlich sind Kleingärten in den ostdeutschen Flächenländern viel verbreiteter als im Westen, im Schnitt kommen auf 100 Einwohner vier Gärten, in den alten Bundesländern nur 0,5 Gärten. Die Studie schätzt die Gesamtzahl der Kleingärten auf bis zu 1,2 Millionen. Ganz schön krasse Zahl.

Im Osten Deutschlands herrscht mancherorts allerdings Leerstand, auch wenn wir zumindest in Brandenburg andere Erfahrungen gemacht haben. Der Bestand verringert sich dort leicht seit 2011 wegen mangelnder Nachfrage. Dagegen suchen in den Großstädten – Westen wie Osten – zunehmend mehr Leute nach einem Garten, am besten im Stadtgebiet. Was wohl schwieriger wird, gerade in Berlin, obwohl die Hauptstadt mit über 70 000 Gärten den höchsten – jetzt ein schönes deutschen Bürokratiewort – »Kleingartenbestand« aufweist. Und: Immer mehr Familien und jüngere Leute wollen einen Garten.

Das Phänomen Datsche und Kleingarten verändert sich also wirklich und verbreitet sich gerade in den so genannten urbanen Schichten. Und die beschäftigen sich natürlich auch anders mit dem Gärtnern. Bloggen über Bienen und machen Instagramstorys mit Gummistiefel-Selfies. Oder schreiben Bücher über ihren Garten. Keine Ahnung, wie man auf so eine Idee kommt …

Ich muss mich also als Wessi schon besonders anstrengen, um mir im Wilden Osten Respekt zu verschaffen. Und da kommt es nicht nur auf die Hecke an, sondern auch auf den Rasen, habe ich festgestellt. Vom Grillen will ich gar nicht sprechen. Als Vegetarier bin ich da ohnehin verwundbar. Nicht mal Heinz hatte ich bis jetzt von meinem dunklen Geheimnis der fleischlosen Ernährung erzählt.

Auf der anderen Seite ist das Gras immer grüner. Natürlich auch hier in der Datschensiedlung. Das Gras im Nachbargarten schimmert satt grün und ist gleichmäßig kurz geschoren. Das Nachbargras sieht aus wie der Center Court in Wimbledon, bevor der erste Tennisspieler des Turniers den Rasen betritt.

»Wie machen die das?«, fragte ich meine Freundin, als wir die unnatürlich grüne und scheckheftgepflegte Rasenfläche betrachteten.

»Harte Arbeit«, meinte meine Freundin trocken. »Das kennst du halt nicht.«

Okay, ich gebe zu, ich liege lieber im Gras, als es zu mähen. Wir kommen aber auch von ganz woanders her. Also, aus Berlin mit seinen veganen und unfrisierten Heckenverächtern. Aber auch sonst: Der Garten war jahrelang vernachlässigt worden. Ich habe ja schon erzählt, wie ich mit der Heckenschere eine Schneise in die Wiese hatte schlagen müssen. Im hohen Gras konnte sich ein ausgewachsenes Reh verstecken. Es schaute mich erschrocken an, als ich mich ihm mit der Heckenschere näherte.

»Oh, ein Reh!«, rief meine Freundin. »Wie süß.«

Nach ein paar Monaten im Garten mähe ich inzwischen

sogar ganz gern. Ich mag, dass alles danach gleich aufgeräumter aussieht. Nicht so wahnsinnig viel Aufwand wie sonst bei der Garten- und vor allem Bungalowarbeit, jedoch maximale Verbesserung. Rasenmähen ist das Äquivalent zum Staubsaugen in der Wohnung. Bisschen Staubsaugen, und schon wirkt alles sauberer – selbst wenn man das Bad noch putzen muss und sich seit Wochen dreckiges Geschirr in der Spüle stapelt, das langsam Moos ansetzt. So wie es eine gefühlte Temperatur gibt und neuerdings so genannte »gefühlte Sicherheit«, so existiert auch gefühlte Sauberkeit und gefühlte Ordnung.

Plötzlich wurde ich wieder aus meinen Gedanken gerissen. Die nächsten Nachbarn schlenderten an unserem Grundstück vorbei. Dieses Mal ein Duo. Was war denn heute los? Schon vier Menschen an einem Tag gesehen, langsam fühlte sich das hier an wie Berlin-Mitte.

»Den Rasen müsste man auch mal wieder mähen«, sagte der eine.

Der andere war wohl Heinz, seinen schweren Atem erkannte ich sofort. »Och, dit is doch in Ordnung«, brummte er und winkte mir zu. »War doch schon mal schlimmer.«

So etwas Schönes hatte noch nie jemand über meinen Garten gesagt.

Das Auto

»Das ist so typisch deutsch.« Ein Satz, den ich häufig sage. Meist leicht überheblich. Wenn zum Beispiel im Restaurant die Rechnung genau zergliedert wird. Oder die Fußgänger geduldig an einer roten Ampel warten, obwohl sich kein einziges Auto nähert.

Dabei bin *ich* eigentlich typisch deutsch.

Warum soll ich auch das viel teurere Gericht von meiner Restaurantbegleitung bezahlen? Da kann man ruhig die Rechnung gerecht aufteilen. Auch wenn es sich bei der Restaurantbegleitung um die eigene Freundin handelt. Und sie Geburtstag hat. Alles muss schließlich seine Ordnung haben.

Ich bin typisch deutsch. Ich mag Regeln. Ich bekomme einen Herzanfall, wenn jemand sein Schokoriegelpapier auf den Gehweg wirft. Ich ermahne die Kinder im Hinterhof, die anderen Kinder etwas leiser zu verprügeln. Ich kann ironiefrei Sätze sagen wie: »Erst aussteigen lassen.« Oder: »Das hier ist kein Fahrradweg.« Oder: »Bei Rot stehen, bei Grün gehen.«

Nur in einer Sache scheine ich kein typischer Deutscher zu sein. Autos sind mir vollkommen egal. Autos besitzen nur einen Zweck: Sie müssen fahren. Am besten möglichst spritsparend und umweltfreundlich. Meinetwegen auch nicht schneller als 120 km/h. 100 reichen mir auch noch.

Das sehen die anderen typischen Deutschen wahrscheinlich sehr anders: Autos müssen schnell fahren können. Seit ein paar Jahren kommt es zudem nicht mehr nur auf die Größe des Kofferraums an (meine Eltern fuhren immer einen Kombi), sondern auf die allgemeine Größe des Fahrzeugs, selbst kleine Sportwagen sieht man immer seltener, nur noch überall die SUVs, in denen die Köpfe der Insassen kaum noch hinter dem Lenkrad zu erahnen sind.

Wahrscheinlich wird in Deutschland über wenig Dinge so kategorisch und apodiktisch gesprochen wie über Autos. Sätze über Autos klingen wie religiöse Dogmen, egal, welcher politischen Richtung man sich zugehörig fühlt:

»Du sollst weniger Auto fahren, weil das schlecht fürs Klima ist.« Oder: »Du sollst mehr Auto fahren, weil das gut für die deutsche Wirtschaft ist.«

Vor allem zum Gebrauch des Autos werden allgemein gültige Gesetze aufgestellt:

»Ehre dein Auto, wie es dir deine Herren, der Vertragshändler und der TÜV zur Pflicht gemacht haben.« Und: »Du sollst dein Auto nicht töten.« Ebenfalls wichtig: »Wer auf dem weiten Land sein Heim gebaut, braucht ein Auto zum Leben.«

Das zweite Gebot stimmt wahrscheinlich in den meisten Fällen. Wir wohnen zwar nicht auf dem Land, doch die Fahrten in die »Stadt« und in die Stadt häuften sich; wir mussten zum Baumarkt, wir mussten zum Supermarkt, wir mussten ins Internet. Zum Glück besaß ich schon vor dem Gartenkauf ein Auto. Ich hatte es mit dem Hintergedanken gekauft, dass wir eine Datsche wollten und ein Auto unsere Suche erleichtern würde.

Es ist mein erstes Auto. Ich hatte noch nie so viel Geld auf einen Schlag ausgegeben, obwohl das Auto im Vergleich mit einem Neuwagen nicht besonders viel kostete. Wie bereits berichtet, ist der Autokauf etwas ungünstig verlaufen. Für mich, nicht für den Verkäufer.

Warum muss ich mich als anständiger Deutscher denn für Fortbewegungsmittel interessieren? Bei Frauen ist es okay, wenn sie ihren Autos völlig indifferent gegenüberstehen, aber als Mann – vor allem als deutscher Mann – muss man schon etwas von Autos verstehen. Warum gerade Autos? Niemand fragt mich, wie das Bremssystem eines ICEs funktioniert? Oder die Hydraulik einer Straßenbahn? Besitzen Straßenbahnen überhaupt eine Hydraulik? Was ist eine Hydraulik?

Mein Auto ist sehr alt, fährt – meistens – und hat fünf Türen. Das ist alles, was ich über das Auto sagen kann.

»Wer in Berlin wohnt, braucht kein Auto.« Auch so ein Glaubenssatz über Autos. Eigentlich immer nur geäußert von Leuten, die nicht in Berlin wohnen und ein Auto besitzen.

Was soll das für ein Argument sein? Wenn ich nur Sachen besitzen würde, die ich wirklich zum Leben brauche, dann würde ich nackt im Park sitzen und Eichhörnchen grillen. Vielleicht besäße ich noch ein Handy, damit mich meine Mutter anrufen kann.

Bevor wir die Datsche kauften, nutzten wir das Auto hauptsächlich, um das Berliner Umland zu erkunden. In Berlin selbst fuhr ich nur ganz am Anfang viel Auto, doch die »normale« Verkehrslage in der Großstadt nervte mich bald viel zu sehr. Autofahren macht mich aggressiv – wie jeden typischen Deutschen.

Wir fuhren zum Beispiel zu dieser kleinen Insel in der

Nähe von Kyritz, wo ein paar Berlin-Aussteiger ein altes Ausflugslokal umgebaut hatten. Mit den öffentlichen Verkehrsmitteln braucht man circa drei Stunden zu dieser Insel. Mit dem Bus zum Bahnhof in Berlin, Regionalexpress, Regionalbahn, wieder Bus, zu Fuß, Schiff. Und wehe, man verpasst mal den Anschluss.

Ich kann verstehen, dass man sich im Osten »abgehängt« fühlt, wenn nur dreimal am Tag ein Bus im Ort hält. Und das Internet so schnell ist wie in den Neunzigerjahren oder in den ICEs der Deutschen Bahn. Man muss sich ja verarscht vorkommen, wenn Politiker, Wirtschaftsleute und die so genannten globalisierten Eliten in den Großstädten den ganzen Tag von der Digitalisierung sprechen – und dann sitzt man in seinem Dorf in Mecklenburg und beobachtet auf dem Computer, wie sich ganz langsam, Pixel um Pixel, ein Foto von Angela Merkel bei Spiegel Online aufbaut.

Mein Vorschlag gegen das Erstarken der extremen Rechten im Osten Deutschlands und allgemein auf dem Land: schnelles Internet für alle. Wer den ganzen Tag Serien auf Netflix schaut, hat weniger Zeit, Asylbewerberheime anzuzünden. Und will das vielleicht dann auch gar nicht mehr. Dazu noch guter öffentlicher Nahverkehr. Damit man wenigstens das Gefühl hat, in der Mitte der Gesellschaft zu leben. Alle reden immer von dieser seltsamen »gefühlten Sicherheit«. Gefühlte Teilhabe ist bestimmt genauso wichtig.

Paradoxerweise wollen vernetzte Großstädter wie ich genau dieses Gefühl der Abgeschiedenheit spüren, wenn sie sich ein Häuschen oder eine Datsche auf dem Land zulegen. Mal nicht erreichbar sein. Verknappung der digitalen Ressourcen. Ruhe im Smartphone bedeutet ja auch

Ruhe im Kopf. Allerdings nur in Maßen. Wenn es zu viel Ruhe wird, fahre ich zum Parkplatz in der »Stadt«.

Bei der verkehrstechnischen Anbindung liegen jedoch die Bedürfnisse der eingeborenen Bevölkerung und der Sommergäste nicht so weit auseinander: Ich würde gern auf ein eigenes Auto verzichten, wenn ich vernünftig und schnell von Berlin in den Garten kommen würde. Natürlich brauche ich das Auto nicht. Viele Leute brauchen nicht wirklich ein Auto. Aber es ist eben bequem. Und wer mag es nicht bequem? So traurig das auch klingt: Es muss bequemer werden, *nicht* mit dem Auto zu fahren. Wahrscheinlich würden dann ganz schön viele darauf verzichten, immerhin kann man ja beim Bahnfahren auch Serien gucken ... Manchmal jedenfalls: Also bitte auch schnelles Internet in den Zügen.

Bevor ich mir das Auto zulegte, fragte ich ein paar Freunde und Verwandte nach ihren Ratschlägen für den Autokauf. Hier das Best-of:

- »Kauf auf jeden Fall einen Diesel!« (Eine Woche bevor der Dieselskandal öffentlich wurde.)
- »Kauf lieber einen Elektroroller. Das ist die Zukunft.« (Damit würde ich etwa 10 Stunden zu meiner Datsche brauchen. Beziehungsweise würde der Akku wahrscheinlich nur bis Pankow reichen.)
- »Kauf einen Kleinbus, da kannst du drin schlafen.« (Warum? Ich mag Betten. Betten sind grundsätzlich allen anderen möglichen Schlafuntergründen vorzuziehen.)
- »Was? Du hast einen Führerschein? Hätte ich dir gar nicht zugetraut.«

Ich kaufte dann das gleiche Auto, das meine Eltern seit Jahren fahren. Nur in Schlechter. Aber das wusste ich ja nicht. Der Gebrauchtwagenhändler, der in einer Tiefgarage gleich bei mir um die Ecke in Berlin residierte, schien nett und halbwegs vertrauenswürdig. Er verstaute die Bündel Bargeld, die ich ihm aushändigte, in einer Herrenhandtasche. Können einen Leute, die eine Herrenhandtasche besitzen, betrügen?

Ich habe leider so wenig Ahnung von Autos, dass ich nicht mal jetzt, drei Jahre später, mit Sicherheit sagen kann, ob der Gebrauchtwagenhändler mich verarscht hat oder nicht.

Ein Auto zu fahren reicht übrigens nicht. Ein Auto bringt Verantwortung mit sich. Auf der Verantwortungsstufenleiter steht ein Auto zwischen Haustier und Kind. Ein Auto darf man nicht vernachlässigen, es braucht Pflege und Aufmerksamkeit. Ich vermute, ein durchschnittlicher deutscher Mann verwendet mehr Geld für die Pflege seines Wagens als für Körperpflege.

Und die Deutschen haben sehr große Angst um ihre Autos.

Die gleichen Leute, die mir sagen, dass man in Berlin kein Auto braucht, rufen nämlich auch entsetzt: »Die zünden in Kreuzberg doch dein Auto an!«

»Ja«, antworte ich, »wir haben einfach keine brennenden Mülltonnen mehr übrig, über denen wir die Eichhörnchen rösten können.«

Dass in Berlin ständig Autos brennen, ist genauso absurd, wie zu behaupten, es wäre in Deutschland nicht mehr sicher, nachts allein durch die Stadt zu laufen. Was soll passieren? Marodierende Banden von Eichhörnchen, die rechtschaffene Deutsche attackieren?

Mein Auto ist übrigens ein Skoda.

»Ah, Skoda«, sagen meine Autoexperten-Freunde, »das ist gut, das ist ja ein VW.«

Diese Aussage erstaunt mich gleich in zweierlei Hinsicht: Warum ist ein VW besonders gut? Weil er aus Deutschland kommt? Oder weil VWs erstaunlich gute, fast phänomenale Abgaswerte haben?

Natürlich unterscheidet sich ein recht teurer VW von einem ziemlich billigen Skoda. Sonst könnte man ja auch sagen: »Ryan Air und Lufthansa sind das Gleiche, die fliegen beide die gleichen Flugzeuge von Airbus.« Aber wer schon mal eingepfercht in einer Ryan-Air-Maschine von einem überarbeiteten Steward angeschrien wurde, endlich ein Rubbellos zu kaufen, während der Pilot nach einer 24-Stunden-Schicht gerade eingenickt ist und bei der Notlandung auf einer Waldwiese ein niedliches Reh umfährt, der wird auch nicht mehr behaupten, dass es sich bei meinem klapprigen Skoda im Grunde um einen Volkswagen handelt.

»Ein Auto spricht mit dir«, wissen die Autoexperten. »Man muss es verstehen. Man muss auf es hören.«

Mein Auto redet nicht mit mir – und wenn es reden könnte, würde ich David Hasselhoff anrufen und eine Serie drehen. Mein Auto macht nur Geräusche. Sehr beunruhigende Geräusche. Und ich gehe mit ihnen um, wie man mit Problemen allgemein umgehen sollte: Ich mache die Musik lauter und versuche, an etwas Schönes zu denken.

»Sebastian«, rief meine Freundin. »Was sind das für komische Geräusche?«

Wir saßen im Auto und fuhren mal wieder zu unserer Datsche.

»Was? Ich verstehe dich nicht, die Musik ist so laut.«

»Seit wann hörst du eigentlich Death Metal?«

»Das ist kein Death Metal«, sagte ich. »Das ist das Auto.«

Ich konnte es nicht länger verdrängen und hielt am Straßenrand an. Das Metall verstummte.

»Und was willst du jetzt machen?« Meine Freundin blickte mich misstrauisch an.

»Ich schaue den Motor an.«

Wir lachten zusammen ein bisschen.

Nach einer halben Stunde hatte ich den Schalter gefunden, mit dem man die Motorhaube öffnet. Dann sahen wir uns gemeinsam den so genannten Motorraum an. Ich hatte mir den Motor irgendwie anders vorgestellt, feiner und moderner, doch so ein Automotor war irgendwie noch voll 20. Jahrhundert. Auf dem Motor stand groß »Skoda«. Irgendjemand hatte das Logo durchgestrichen und »VW Yeah« darübergekritzelt.

»Vielleicht ist es nur das Öl«, sagte meine Freundin plötzlich.

Ich sah sie erstaunt an.

»Wann hast du das letzte Mal Öl nachgefüllt, Sebastian?«

»Bitte formuliere die Frage um.«

»Hast du überhaupt einmal Öl nachgefüllt?«

Ohne meine Antwort abzuwarten, zog sie einen langen Stab aus einer Halterung, wischte das untere Ende mit einem Taschentuch ab, steckte ihn wieder rein, zog ihn sofort wieder raus und schaute ihn an. Das klang jetzt sexueller, als es war.

»Dieses Auto braucht sehr dringend Öl«, sagte sie.

Wir fuhren also zur nächsten Tankstelle, um Öl zu kaufen.

»Öl kaufen – das ist Erwachsenwerden«, sagte ich zum Kassierer an der Tankstelle. »Die ersten drei Jahrzehnte unseres Lebens haben wir nicht über solche Dinge wie Öl nachgedacht, lief auch so alles wie geschmiert.«

Ich lachte. Der Kassierer blickte mich mit leeren Augen an und steckte sich eine Bifi in den Mund.

»Wir waren auf der Uni«, fuhr ich fort, »haben uns über Bücher gestritten, waren verliebt und haben nächtelang Bier getrunken. Und jetzt rosten wir langsam ein in unseren langweiligen Jobs und müssen Öl nachfüllen, damit alles halbwegs reibungslos weiterläuft.«

»Das macht 39,99 €«, antwortete der Kassierer.

Wir schafften es dann noch unbeschadet zur Datsche.

Irgendwie mag ich mein Auto sogar ein wenig. Es verrichtet halbwegs zuverlässig seinen Dienst. Es ist kein peinlicher SUV und fährt nicht schneller als 140. Und da bekommt man schon Angst, es würde auseinanderfallen, so wie das alte Polizeiauto am Ende von *Blues Brothers*. Aber noch lieber würde ich gar nicht mit dem Auto fahren. Sondern mit einem zuverlässigen Zug. Doch die Verkehrswende klappt ja bis jetzt nicht mal in den Großstädten. Und bis sie in Mecklenburg ankommt, würden wir hier halt noch weiterhin 20. Jahrhundert spielen.

Brennnessel

Als Kind bewunderte ich Peter Lustig. Vielleicht kennen die jüngeren Leser Peter Lustig gar nicht mehr. Das wäre sehr traurig: »Lustig nicht kennen, ist traurig.« Ein schöner Satz, der auf so viele Weisen stimmt.

Peter Lustig war Star und Hauptdarsteller einer Fernsehsendung, die sich wahrscheinlich ein paar Altachtundsechziger nach dem Konsum bewusstseinserweiternder Drogen und der Lektüre zumindest der ersten 20 Seiten von Karl Marx' *Kapital* ausgedacht hatten. Lustig trug stolz Latzhose, und auf seiner Nase saß eine kleine Brille, die er mit Glatze und grauem Bart kombinierte. Ein wenig erinnerte er mich an meinen Onkel, der auch so etwas gewesen sein musste wie ein Altachtundsechziger und, seit ich denken konnte, keine Haare mehr auf dem Kopf hatte. Beide, mein Onkel und Peter Lustig, waren mir sehr sympathisch. Im Gegensatz zu meinem Onkel wohnte Peter Lustig jedoch in einem alten ausgebauten Bauwagen. Der Bauwagen wirkte allerdings besser in Schuss als unser Bungalow.

Ich erinnere mich besonders an eine Folge, in der Peter Lustig erklärte, dass Unkraut nur von solchen Menschen so genannt würde, die spießige Gärten mit sauberen Beeten anlegten und sich auch ansonsten nicht um die Natur scherten. Zu der gehörte ebenso das »Unkraut«, das selbstverständlich gar nicht unnütz wäre, erklärte Herr Lustig. Zum Beispiel die Brennnessel, die damals noch mit zwei »n« geschrieben wurde, daraus könnte man sehr leckeren Tee machen.

Nicht umsonst hieß die Fernsehsendung *Löwenzahn*, der ja unter Leuten, die einen gepflegten Rasen ihr Eigen nennen möchten, auch als schlimmes Unkraut gilt. Peter Lustig empfahl nun seinen Zuschauern – also vornehmlich Kindern –, Unkraut-Beete anzulegen, etwa um die Bäume auf den Bürgersteigen. Unkraut gehöre nämlich genauso in die Stadt und in den Garten wie vermeintliche Nutzpflanzen. Das leuchtete mir als Kind sofort ein: Unkräuter sind genauso Pflanzen wie die »richtigen« Tulpen und Osterglocken. Ich verlangte also von meinem Vater, ab sofort kein Unkraut mehr zu jäten, den Rasen nicht mehr zu mähen (wegen Gänseblümchen und Löwenzahn) und forderte ein eigenes Unkraut-Beet. Das Beet wurde mir sogar zugestanden. Der Garten meiner Eltern zeigte in Teilen ebenfalls leichte Anzeichen von Verwahrlosung, sie sahen das zum Beispiel nicht so eng mit dem Rasen, ein wenig Peter Lustig steckte zum Glück auch in ihnen. Außerdem war der Garten sehr groß, da störte so ein kleines Unkraut-Beet nicht weiter. Circa zwei Wochen kümmerte ich mich um das Beet. Dann vergaß ich es schnell wieder. Doch ein Unkraut-Beet gedieh ja auch ohne Zutun bestens.

Vielleicht haben die rechtspopulistischen Hetzer zumindest in einer Sache ein bisschen recht: Die Jugend in der BRD wurde jahrelang mit links-grün-versiffter Meinungsmache infiltriert. Bei mir hat es jedenfalls geklappt. Peter Lustig schien ziemlich links und grün zu sein – und aus der Sicht eines herkömmlichen AfD-Spießers bestimmt auch versifft, ich sage nur: Latzhose. Und ich habe von Peter Lustig und seinem Unkraut tatsächlich ein paar wichtige Dinge gelernt, die diese Leute vielleicht als »links« oder »grün« bezeichnen würden. In Wahrheit handelt es sich dabei aber um Tugenden wie Höflichkeit und Toleranz. Bezeichne Lebewesen, die nicht so sind, wie du sie haben willst, nicht als Unkraut. Entdecke die Schönheit im vermeintlich Unnützen oder Banalen. Beharre nicht stumpf auf Ordnung. Breche auch mal Regeln und lass einfach wachsen. Sonst geht das ganz schnell – und auch Menschen werden als Unkraut oder Ungeziefer bezeichnet. »Ungeziefer« ist übrigens das Tier-Äquivalent zum »Unkraut«: Insekten, die nerven. Für die Natur genauso unverzichtbar.

Natürlich durchschaute ich das alles als Kind noch nicht, sondern ahnte es höchstens. Heute weiß ich, dass sich Peter Lustig selbst als eine Art Unkraut verstand. Als unangepasst und nonkonformistisch. So wie eben Löwenzahn. Eine Pflanze, die den gepflegten, gleichförmigen Rasen stört und den Asphalt der Straße aufbricht wie im Vorspann der Fernsehsendung. Unkraut, das total schön blüht und dessen Samen Kinder wegpusten können, damit woanders neue Pflanzen gedeihen wie Ideen von Toleranz und Sozialismus.

Ein sozialistischer Garten, jede Pflanze gleichberechtigt. Kein Unkraut und keine Nutzpflanzen, sondern nur die Schönheit der Natur. So konnte man meine Haltung dank Peter Lustig beschreiben, als ich mir den Garten zulegte.

Leider wuchsen im Garten Brennnesseln. Viele, erstaunlich hohe Brennnesseln. Die Brennnesseln stellten meine Idee vom guten sozialistischen Garten ziemlich auf die Probe. Auch die Altachtundsechziger hatten ja bald erkannt: Die ganze Theorie muss sich auch in der Praxis bewähren. Das kann ganz schön anstrengend werden. Denn nicht alle sehen die Vorteile eines sozialistischen Gartens – und beim hundertsten von Brennnesseln überwucherten Feld greift vielleicht auch ein Peter-Lustig-Jünger zu schweren Geschützen, wie Pestiziden oder zumindest: der Harke.

Wahrscheinlich liegen meiner Abneigung gegenüber Brennnesseln schlechte Erfahrungen in der Kindheit zugrunde. Schließlich staksen Kinder gern in kurzen Hosen durch die Natur und reiben ihre nur unzureichend geschützten Städterbeine an den bösen Blättern der Brennnessel. Der stechende Schmerz erinnert fast an einen Wespenstich, klingt allerdings recht schnell wieder ab. Trotzdem gibt es erstmal großes Geschrei. Eltern wollen natürlich Geschrei vermeiden, deswegen warnen sie die Kinder eindringlich vor den bösen Brennnesseln, sodass die Kids höllische Angst vor dieser doch eigentlich eher harmlosen Pflanze bekommen. Weil meine Angst so tief sitzt, schreie ich heute noch, längst erwachsen, laut auf, wenn ich nur leicht eine Brennnessel streife, etwa bei der Suche nach einer verborgenen Badestelle an einem See. Die Brennnessel ist wirklich ein böses Unkraut, das den Tod verdient. Mein innerer Peter Lustig schüttelt genervt den Kopf.

Ich nahm mir vor, mal zu recherchieren, wie man Brennnessel-Tee zubereitet, aber dann riss ich die bösen Nesseln trotzdem aus der Erde und warf sie auf den Kompost. Die ungerechtfertigte Angst besiegte die Vernunft. Wahrscheinlich stehe ich damit in der Geschichte der Menschheit nicht alleine da. Die Brennnesseln verrotteten nun zusammen mit dem ebenfalls ausgerissenen Giersch. Letzterer hat es noch nicht zum Trendfood geschafft, obwohl er total gesund sein soll. Nicht mal im Prenzelberg isst man Gierschpizza. Giersch-Bionade gibt es nicht. Vielleicht könnte ich Trendsetter werden und mein eigenes Giersch-pesto herstellen. Genug Rohstoff hätte ich.

Dann verfluchte ich meine Sparsamkeit, die meine Freundin auch gern GEIZ nennt. GEIZ in groß geschriebenen Buchstaben. Meine Freundin kann nämlich in Großbuchstaben sprechen. Manchmal auch kursiv.

Im Baumarkt hatte ich natürlich die billigsten Gartenhandschuhe gekauft. Warum mehr als zehn Euro für Handschuhe ausgeben? Jetzt kannte ich die Antwort: Weil dann die Brennnessel nicht durch die Handschuhe hindurch meine Hand verbrennt.

»Scheiße!«, rief ich und trat auf die Brennnesseln ein, was diese unbeeindruckt hinnahmen. Mein innerer Peter Lustig hob die Augenbrauen.

»*Dumm*«, kommentierte meine Freundin kursiv.

Ich zog drei Paar Handschuhe übereinander an, dann ging es. Trotzdem zuckte ich jedes Mal zusammen, wenn ich die Stiele der Brennnesseln umfasste. Irgendwie hatte ich sogar das Gefühl, ein leichtes Brennen selbst durch die drei Handschuhe zu spüren. Garten-Phantomschmerz nennt man das wahrscheinlich.

Nachdem ich unzählige Brennnesseln ausgerupft hatte, setzte ich mich auf den Rasen. Der Löwenzahn blühte, und ich bekam ein schlechtes Gewissen. Mein innerer Peter Lustig war eben doch nicht stark genug.

Ich blickte zu den Unkraut-Bäumen, die seit unserem letzten Gartenbesuch wieder circa einen Meter in die Höhe geschossen waren. Sie hatten schöne hellgrüne Blätter. Dann betrachtete ich den Haufen mit toten Brennnesseln. Morgen würden sie schon nicht mehr so stark brennen, wenn man sie berührte. In ein paar Monaten wären sie nur noch Kompost. Neue Erde.

Peter Lustig hieß übrigens wirklich Peter Lustig. Wenn man mit so einen Namen auf die Welt gekommen ist, braucht man wirklich keinen Künstlernamen. Angeblich, so geht ein Gerücht, hasste Peter Lustig eigentlich Kinder. Dabei hatte er in einem Interview wohl nur ironisch angemerkt, dass Kinder häufig »stören« würden.

Aber das meinte er sicher positiv. Stören ist schließlich gut. Stören bedeutet Widerspruch. Und eine Gesellschaft braucht Widerspruch. So wie der Garten Unkraut. Vor allem, weil es die Spießer ärgert.

Mir wurde klar, dass ich mich weiter mit dem Unkraut-Problem beschäftigen musste. Alles einfach wachsen zu lassen wie Brennnessel und Giersch, schien keine Lösung zu sein, andererseits hörte ich auf die Argumente meines inneren Peter Lustig.

Ich stieß auf den amerikanischen Journalisten und Autor Michael Pollan, der ein interessantes Gartenbuch geschrieben hatte. Der Titel lautet in der deutschen Übersetzung: *Meine zweite Natur – Vom Glück, ein Gärtner zu sein.* Das hört sich nicht gerade vielversprechend an. Ich kenne vielleicht das Glück, im Garten zu sitzen oder zu liegen. Aber ist es wirklich ein Glück, Gartenarbeit zu verrichten? So weit bin ich noch nicht. Ernten stelle ich mir schön vor, Einpflanzen dagegen scheint mir eher ein notwendiges Übel. Der amerikanische Untertitel klingt nicht ganz so euphorisch: *A Gardener's Education.* Okay, man darf also was lernen, damit kann ich umgehen. Und ich lerne auch gleich etwas über den Umgang mit so genanntem Unkraut.

Michael Pollans Ansicht zu Unkraut unterscheidet sich zu Beginn seiner Gärtnerzeit kaum von den Ideen Peter Lustigs. Da er aber eindeutig ambitionierter beim Gärtnern ist als ich – und sogar als meine Freundin –, stößt diese sozialistische Haltung schnell an ihre Grenzen. Er zitiert den Philosophen Ralph Waldo Emerson, der schreibt, dass Unkraut »keine Kategorie der Natur sei, sondern ein menschliches Konstrukt, ein Fehler in unserer Wahrnehmung«[9]. Pollan nennt Unkraut »das Proletariat der Pflanzenwelt«, für professionelle Gärtner seien die »hyperzivilisierten Hybriden«, also etwa eine hochgezüchtete Rose, die »Königin des Gartens«.[10] Klassenkampf im und durch den Garten, nicht nur Peter Lustig sieht das so.

Pollan unterscheidet zwischen zwei Unkraut-Theorien. Sorry, wenn es jetzt etwas akademisch wird, aber ich muss meinen inneren Peter Lustig beruhigen. Unkraut ist entweder »jede Pflanze, die nur an der falschen Stelle steht«[11] oder aber eine »besonders aggressive Pflanze«, die mit Blumen und Gemüse »erfolgreich konkurriert«.[12] Und Pollan neigt nach ein paar Jahren Gärtnern der zweiten These zu, denn Unkraut wächst nicht einfach so. Unkraut braucht wie die hochnäsigen und ach so kultivierten Rosen ebenfalls uns Menschen. Nach Pollans Recherchen gedeiht in der so genannten wilden Natur kaum Unkraut, sondern hauptsächlich auf von Menschen geformten Orten. Also auf Brachen, alten Bahnanlagen, zwischen Gehwegplatten, in meinem Garten. »Ganz im Gegensatz zu den Vorstellungen der Romantiker«, schreibt er – und wahrscheinlich gehören Peter Lustig und bis jetzt auch ich zu ihnen –, »ist Unkraut nicht wild.« Es handelt sich wie unsere schön angebauten Zucchini oder Tulpen um »Produkte der Zivilisation«.[13] Und daraus folgt für meinen inneren Peter Lustig eine ziemlich unangenehme Schlussfolgerung, die Pollan allerdings als Befreiung auffasst: »Das Unkraut in meinem Garten war nicht natürlicher als die Pflanzen selber und hatte keineswegs mehr Anspruch als diese auf den Platz, um den sie buhlten.«[14] Die Native Americans hatten das wohl schnell erkannt, sie nennen das Unkraut Wegerich, »Fuß des Engländers«, weil es »überall dort vorkam, wo der weiße Mann seinen Fuß hingesetzt hatte«.[15]

Pollans Schlussfolgerung: Man muss Unkraut jäten, denn man begegnet dadurch der »Natur mit Kultur«, man »kultiviert«[16] den Boden. »In diesem Sinne nicht eine lästige Mühe, die sich aus der Gartenarbeit ergibt, sondern deren eigentlicher Kern.«[17] Das klingt nicht schön, aber wahrscheinlich hat Pollan schon irgendwie recht. Und er schränkt ein, schließlich tragen wir Gärtner auch keine geringe Verantwortung. Das Jäten darf nicht unsere einzige Art von Gartenarbeit sein. Man muss ebenso Rücksicht nehmen und sollte nie vergessen: Wir Menschen schaffen mit unserer Kultivierung auch erst die Möglichkeit für Unkraut.

Ich hatte also wirklich etwas über Unkraut und das Gärtnern gelernt. Mein innerer Peter Lustig schwieg leicht schuldbewusst. Gelernt hatte ich auch, dass es sich bei Garten und Politik um ziemlich unterschiedliche Dinge handelt. Man kann nur schlecht im Garten Politik treiben. Und Politik treiben ist auch etwas anderes als Gärtnern. Trotzdem hat Peter Lustig natürlich nicht unrecht, wenn er Parallelen sieht zwischen der Weise, wie wir mit der Umwelt und wie wir mit Menschen in einer Gesellschaft umgehen. Denn das Kultivierte und scheinbar Zivilisierte gebiert sich nicht immer kultivierter oder zivilisierter als das Abseitige, das Leichte, das »Unkrautige«.

Trotzdem habe ich immer noch keine Lust, die Brennnesseln zu jäten.

Der See

»Habt ihr euch wirklich so einen Garten zugelegt?«, fragte mein Freund Lucas und sah mich skeptisch an. »Ist das nicht total nervig, immer so weit raus zu fahren?«

Lucas mag keine Natur. Und keine Menschen, die in der Natur leben wollen. Lucas ist überzeugter Großstädter. Wie alle überzeugten Großstädter kommt er aus einer Kleinstadt.

Ich kenne wenige Leute, die vom richtigen Land kommen und zu einem überzeugten Großstädter geworden sind. »Richtiges« Land lässt sich nach meiner Definition übrigens an der Verfügbarkeit und Frequenz des öffentlichen Nahverkehrs festmachen. Gibt es keinen Bahnhof und fährt ein Bus weniger als fünfmal am Tag, dann lebt man auf dem *richtigen* Land.

Unser Dorf ist natürlich richtiges Land. Es fährt ja überhaupt kein Bus direkt zum Dorf. Immerhin gibt es die Bushaltestelle an der Landstraße, wo werktags alle zwei Stunden ein vollkommen leerer Bus hält. Hin und wieder sitzen dort ein paar Jugendliche und trinken Energydrinks aus riesigen Dosen, wirken aber trotzdem sehr müde. Manchmal kann ich mich mit ihnen identifizieren.

Warum werden Menschen vom richtigen Land selten zu überzeugten Großstädtern? Wahrscheinlich, weil es sich bei Großstadt, wenn man in einem Landstrich aufwächst, den man ohne Führerschein nicht selbstständig verlassen kann, nicht um den ersten Fluchtort handelt. Man kennt etwas kategorisch anderes als die Stadt, da ist man vielleicht schon zufrieden, wenn ein Regionalexpress regelmäßig die Kleinstadt anfährt, da braucht man nicht vierminütigen U-Bahn-Takt und Kioske, die Rund um die Uhr geöffnet haben – da reicht ein Supermarkt mit »normalen« Öffnungszeiten.

Die jungen Kleinstädter dagegen empfinden ihre Lage als Mangel. Es existieren zwar die Annehmlichkeiten einer Stadt, allerdings nur unzureichend. Als Kleinstädter kriegt man das Gefühl nie los, es könnte mehr gehen. Es könnte zum Beispiel nicht nur diesen einen »irischen« Pub geben, der von einem 55-jährigen Schwaben betrieben wird, der wiederum kein Wort Englisch spricht und immer »Zeider« sagt, wenn er »Cider« meint, sondern eine Bar mit vernünftigen Drinks.

Wenn dann die Zeit des jungen Kleinstädters gekommen ist, frei über sein Leben zu entscheiden (also nach der Schule), zieht er gern in die Großstadt und ist sofort überzeugt. So bis jetzt ja auch ich. Wir wollen eben LEBEN. Die Großstadt verspricht Anonymität, verfügt über unzählige Bars und Clubs sowie Spätkaufs, die keine Schlösser an den Türen brauchen, da sie immer geöffnet haben. Außer man ist nach München gezogen. Die große Kleinstadt. Das ist dann halt Pech.

In Lucas schlummert immer noch ein Kleinstädter-Herz, behaupte ich jetzt einfach mal ganz küchenpsychologisch. Deswegen misstraut er allem, was nach richtigem Land riecht, und muss sich die ganze Zeit davon abgrenzen.

»Ja, das ist voll schön, so ein Garten. Da kann man Gemüse und Blumen anpflanzen und entspannt in der Sonne liegen«, sagte ich und lächelte angestrengt. Er wusste ja nicht, wie es wirklich um unsere Datsche stand.

»Aha«, antwortete Lucas. »Gemüse.«

»Zucchini«, sagte ich. »Oder Tomaten.«

»Zucchini oder Tomaten«, sagte er ausdruckslos und sah verstohlen auf sein Handy. Wahrscheinlich überlegte er, sich noch mit einem anderen Freund zu treffen. Ein Freund, der Spannenderes zu erzählen hätte als Gemüseaufzuchtmöglichkeiten in Mecklenburg-Vorpommern. Großstadt bedeutet unendliches Potenzial. Ständig verfolgt einen das Gefühl, etwas zu verpassen. Wie vieles in der Großstadt ist das sehr anstrengend.

»Zucchini und Tomaten gibt es im Supermarkt.« Lucas sah mich mit hochgezogenen Augenbrauen an. »Sogar regional aus Brandenburg.«

»In der Sonne liegen«, sagte ich. »Und die Ruhe genießen.«

»Ich gehe in den Park und sonne mich da.« Er gähnte.

»Aber da sind überall diese anderen Menschen. Die tun Dinge, wie grillen. Oder Trompete üben. Oder laut sprechen. Und das nervt! Bei uns im Garten höre ich nur das sanfte Rascheln der Blätter, wenn der Wind durch die Bäume weht.« Falls gerade niemand in der Nachbarschaft Rasen mähte, hätte ich beinahe hinzugefügt.

Lucas kramte riesige Kopfhörer aus seinem Rucksack. »Noise Cancelling«, verkündete er stolz. Er setzte sie auf und bedeutete mir, etwas zu sagen.

»Hallo«, sagte ich.

»Ich höre gar nichts«, rief er begeistert. »Gar nichts! Wegen Noise Cancelling.«

»Du hast nicht gehört, dass ich Hallo gesagt habe?«

»Nein. Hab ich nicht. Toll, oder?«

»Aber das hast du jetzt ja gerade doch gehört oder wie?«

»Ich hab gar nichts gehört! Null!« Lucas wirkte beleidigt.

»Aber der Garten liegt direkt an einem See.«

»An einem See?« Er nahm die Kopfhörer wieder ab. »Das ist ja cool.«

Das See-Argument überzeugt selbst die größten Land-Skeptiker. Ein See rechtfertigt irgendwie, dass man drei Stunden mit dem Auto oder vier Stunden mit Bus und Bahn fahren muss, um eineinhalb Stunden am Ufer liegen zu können. Und so fahren unzählige Berliner jeden Sommer raus nach Brandenburg, »an den See«, wie es so schön heißt.

Doch ein eigener See – also irgendwie »eigen« – ist selbstverständlich kaum zu toppen. Das versteht sogar ein überzeugter Großstädter wie Lucas.

Sobald etwas am Wasser liegt, steigt automatisch der Wert. Buchstäblich. Immobilien am Wasser sind meist die teuersten. Man muss sich nur mal die krassen Villen direkt am Zürichsee anschauen. Auch in Berlin wurde in den letzten Jahren das bis dahin ziemlich vernachlässigte Spreeufer mit Luxushäusern und Hotels zugebaut. Und wenn man sich eine Wohnung am Wasser nicht leisten kann, dann pilgert man im Sommer an den »Kanal« in Kreuzberg. Da sitzt dann das hippe Volk, nippt an Bierflaschen und schaut aufs Wasser. Das Wasser im Kanal schimmert bräunlich und riecht ab Mitte Juni nach Biotonne. Manchmal treibt eine tote Ratte vorbei. Oder ein paar Druffis, die sich ein Floß mit riesiger Soundanlage gebaut haben und jetzt zu ohrenbetäubendem Neunzigerjahre-Techno schlafen. Eine beliebte Uferstelle am Kanal wird zudem von sehr dicken und sehr aggressiven Schwänen frequentiert, die schon so manches antiautoritär erzogene Kind um sein laktosefreies Kimchieis erleichtert haben.

Das alles erträgt man, um am Wasser zu sein.

Und tatsächlich: Auch »unser« See entschädigt für einiges.

Als großartigen Schwimmer würde ich mich allerdings nicht bezeichnen. Ich kann »Brust«. Wenn ich kraule, sehe ich aus wie ein dicker Hund, der ertrinkt. Ein Um-mich-Schlagen, ohne dass ich vorankomme.

Meine Freundin schwimmt übrigens nicht gern. Sie mag einfach nicht, dass da unter ihr etwas sein könnte, das sie nicht sieht, eine Wasserschlange zum Beispiel oder ein zwei Meter langer Wels, den sie mir wie ein Fabelwesen aus *Herr der Ringe* beschreibt. Auch so eine irrationale Angst. Ihre Wasserscheu hält meine Freundin allerdings nicht davon ab, sich jede Saison mindestens drei neue Bikinis oder Badeanzüge zu kaufen. Damit liegt sie dann im Garten und sonnt sich. Manchmal steigt sie auch auf einen aufblasbaren Gummireifen und wogt eine halbe Stunde auf den Wellen des Sees. Sie schafft das, ohne auch nur im Geringsten nass zu werden.

Wie bereits erwähnt, ist der See nicht besonders groß und trübt sich leider im Sommer etwas ein, aber nicht so schlimm wie der Kanal in Berlin. An einer winzigen Landzunge liegen ein Ruderboot und ein Kanu, von hier kommt man am besten ins Wasser. Manchmal steht neben den Booten auch ein Angler, der mich misstrauisch beäugt, wenn ich vorsichtig ins Wasser wate. Als ob ich in seinen Vorgarten pinkeln würde.

Angler blicken oder schauen nicht – sie starren. Man könnte denken: *ins Leere*. Die Leere ist aber der See. Dort lebt ihre Sehnsucht: der Fisch. Stundenlang einsam mit einer Angel in der Hand am Ufer zu stehen kann wahrscheinlich als der sturste Protest gegen den Kapitalismus gelten. Wild jagen ergibt ja irgendwie noch Sinn (falls man gern Tiere tötet), da kommt immerhin ordentlich Menge zusammen. Drei Stunden für einen kleinen Fisch rumstehen – das ist nun wirklich ökonomischer Wahnsinn. In drei Stunden »angeln« riesige Fischkutter in Südostasien wahrscheinlich so viele Fische, um einen Monat lang sämtliche *Nordsee*-Filialen an deutschen Bahnhöfen beliefern zu können.

Tatsächlich scheint es in »unserem« See viele Fische zu geben. Sitze ich länger am Ufer und beobachte die Wasseroberfläche, sehe ich sie manchmal aus dem Wasser springen. Kleinere Exemplare scharwenzeln um die Beine, wenn ich durch das seichte Wasser wate. Einen Zwei-Meter-Wels kann ich mir in dem kleinen See allerdings nicht vorstellen. Aber wer weiß.

Gegenüber unserem Garten steht eine Holzbank direkt am Ufer unter einer großen Kastanie. Von dort blickt man auf die Seeseite mit der kleinen Datschensiedlung. Zwischen zwei großen Eichen erkennt man auch unseren Bungalow. Wenn abends die Sonne im Garten längst verschwunden ist, setzen wir uns oft noch für eine halbe Stunde auf die Bank und schauen aufs Wasser, bis die Sonne endgültig hinter den Bäumen am anderen Ufer untergeht.

Sogar Lucas würde sich hier wohlfühlen, da bin ich mir sicher. Land hin oder her, selbst als überzeugter Großstädter könnte er sich nicht dieser unaufdringlichen und unscheinbaren Natur, diesem eigentlich nicht besonders besonderen See entziehen. Leider verlässt Lucas Berlin nur sehr ungern und hatte uns bis jetzt noch nicht besucht. Er weiß nicht, was ihm entgeht.

Tiere 3: Waschbären

Waschbären kommen wohl ganz gut mit uns Menschen zurecht. Es leben jedenfalls sehr viele in den bewohnten Randgebieten und sogar mitten in der Stadt. Bis jetzt hatte ich in Berlin noch keinen angetroffen, doch wie die allgegenwärtigen Füchse arrangieren sie sich mit dem Urbanen. Trotzdem genießen Waschbären keinen guten Ruf. Sie fressen zum Beispiel alles. Das finden viele Menschen suspekt, dabei sind die meisten Menschen ja ebenfalls Allesesser. Waschbären wühlen in Mülltonnen und machen auch sonst Unordnung. Da sehen natürlich besonders ordnungsverliebte Gärtner schnell rot. Heinz hatte auch schon mehr als einmal angedeutet, der Gewalt gegen Waschbären nicht gänzlich abgeneigt zu sein. Dabei blickte er verstohlen auf einen Spaten, der griffbereit an seinem Bungalow lehnte. »Ick werde schon fertig mit diesen kleenen Unruhestiftern«, raunte er, und seine Augen funkelten verschwörerisch.

Im Frühjahr entdeckte ich zwei Waschbären bei uns im Garten. Zwei Babywaschbären. Sie waren höchstens so groß wie meine Hand und unfassbar niedlich. Dazu machten sie hohe Piepsgeräusche, die ich schon öfter im Garten gehört und bis jetzt für die Schreie eines heiseren Vogels gehalten hatte. Biologie ist eben nicht so mein Ding.

Vögel werden wahrscheinlich nicht heiser. Oder? Hunde ja schon, wenn sie eine ganze Nacht lang den Vollmond anheulen. Eine heißere Nachtigall? Vielleicht.

Die zwei kleinen Waschbären hatten schon die lustigen Ringel um ihren Schwanz und das maskenhafte Gesicht. Sie bewegten sich eher unsicher. Manchmal fiel einer hin oder schlief kurz ein. Wie kann man so süßen Tieren jemals Leid zufügen? Sie dürfen von mir aus alle Mülltonnen der Welt durchwühlen und überall hinkacken, ich hätte ihnen alles verziehen.

Als wir die Waschbärenbabys allein zurückließen und nach Berlin fuhren, machten wir uns die ganze Rückfahrt über Sorgen. Was würde Heinz mit ihnen anstellen, wenn er sie finden würde? Dann drohte ja auch noch Gefahr von diesen erstaunlich großen Raubvögeln, die manchmal über die nahen Felder schwebten. Die essen doch bestimmt gern kleine Waschbären. Wo steckten eigentlich die Waschbäreltern?

Die Waschbären überlebten dann übrigens den Sommer. Wir sahen sie noch einmal, inzwischen etwas größer und nicht mehr ganz so hilflos, als sie über den Rasen wankten. Und ihre lustigen Piepsgeräusche vernahmen wir auch noch oft. Einmal hörte ich es sogar nachts. Allerdings sangen sie dann eine komplizierte und schöne Melodie. Das konnten keine Waschbärenbabys sein. Also doch: eine heisere Nachtigall.

Die Handwerker

Seit meine Freundin und ich Gartenbesitzer sind, bekommen wir keine normalen Geschenke mehr. Zum letzten Geburtstag schenkten mir meine Eltern eine Schaufel. Wie damals zu meinem dritten Geburtstag. Dieses Mal war sie immerhin nicht aus rotem Plastik und größer als ein Löffel. Meine Freundin bekam einen Gartenkalender, dessen Kalenderblätter man im jeweiligen Monat einpflanzen musste – dann sprossen Kräuter und Blumen. Kein Scheiß. Und beide bekamen wir Juli Zehs Roman *Unterleuten* von unseren Eltern geschenkt. Der stand auch schon in doppelter Ausführung in Claras und Davids Bungalow.

»Das passt doch perfekt«, hatten die Eltern einmütig erklärt.

Vielleicht zu perfekt. *Unterleuten* spielt in einem fiktiven Brandenburger Dorf, in dem sich die Bewohner bekriegen, weil Windräder gebaut werden sollen. Dazu suchen zugezogene Wessis nach Ruhe vom Großstadtstress, und Einheimische verbrennen unablässig Autoreifen. Ich schaffte 20 Seiten. Auch meine Freundin las nicht viel mehr. Die Ausgaben von Clara und David sahen ebenfalls noch ziemlich unberührt aus.

»Zu real«, hatte mir David zugeraunt, als er gerade ein paar Dachplatten aus Teer auf den Gartenabfallhaufen unten am See warf. »Ich will mich nicht auch noch in meiner Freizeit mit undichten Dächern beschäftigen.«

Nach dem Bodendebakel hatte ich auch erstmal zwei Wochen Datschenpause gebraucht. Plötzlich nervte mich Berlin gar nicht mehr. Eigentlich doch ganz schön, wenn man die direkten Nachbarn im Haus noch nie gesehen hatte. Im Dorf in Mecklenburg schien uns schon nach zwei Tagen jeder zu kennen. »Ach, dit sind die Neuen mit der unförmigen Hecke aus Berlin, von denen Heinz erzählt hat«, flüsterten sie sich laut zu.

Selbst der Baustellenlärm störte mich nicht mehr so sehr in Berlin. Immer noch besser, als sich einen kleinen Raum mit unzähligen dicken Spinnen zu teilen.

Trotzdem musste es weitergehen. Ich begann zu telefonieren. Mit Handwerkern. Inzwischen hatten wir eingesehen, dass wir unmöglich alles allein renovieren konnten, selbst wenn uns Igor half. Außerdem ging er immer seltener ans Telefon, wenn ich ihn anrief. Auf meine Mails an ihn kamen nur noch automatische Abwesenheitsmeldungen: »Ich bin bis zum 1.1.2050 verreist. Bitte melden Sie sich nie mehr bei mir.« Dabei wusste ich von gemeinsamen Freunden, dass er gerade wieder in einer Charlottenburger Altbauwohnung arrangierte.

Es führte kein Weg daran vorbei, ich musste echte Handwerker auftreiben. Ich fürchtete mich etwas vor dieser Aufgabe, Handwerker machen mich nervös. Sie wissen Dinge, von denen ich nicht mal dunkle Ahnungen besitze.

Zuerst rief ich einen Elektriker an, denn die Stromleitungen im Bungalow hingen wirr aus der Wand wie die Haare eines verrückten Professors. Auch wenn der Strom noch ging. Mit der Betonung auf NOCH. Dazu später mehr.

Der Elektriker wollte sich den Bungalow anschauen.

»Können wir uns nächsten Mittwoch um acht treffen?«, fragte er am Telefon.

»Äh, das wird schwierig, dann muss ich ja in Berlin so um halb sechs losfahren.«

»Ja, und?«

»Das ist sehr früh«, sagte ich. »Und ich schlafe gern mal aus. So bis sieben.« Ich lachte. Keine Ahnung, wann ich das letzte Mal so früh aufgestanden war. Das Beste an meinem so genannten Job ist schließlich, dass ich so lange schlafen kann, wie ich will.

Der Elektriker lachte nicht. »Ich stehe immer um fünf auf.«

»Ich muss morgens in Berlin … äh … noch arbeiten«, log ich. »Vielleicht können wir uns so um elf an der Datsche treffen?« Da musste ich ja immer noch um acht aufstehen.

»Also erst mittags?«, rief der Elektriker entrüstet.

»Nein, um elf!«

»Das ist mittags.«

»Ich bin mir ziemlich sicher, dass erst ab zwölf Mittag ist. Es gibt sogar einen Film, der so heißt: *Zwölf Uhr mittags.*«

»Kenn ich nicht«, beschied der Elektriker.

Wir einigten uns dann auf »späten Vormittag«, wie er sagte – und trafen uns um halb zehn.

Am darauffolgenden Mittwoch kam ich vollkommen übermüdet um 9.29 Uhr am Garten an. Der Elektriker wartete schon und sprang vor der abgeschlossenen Datsche nervös von einem Bein aufs andere. Er schien ziemlich angespannt zu sein.

»Endlich«, rief er. »Ich wollte bald Mittag essen.«

Ich zeigte ihm den Bungalow, und er betastete einige der Stromleitungen, die aus der Decke hingen. Dabei zuckte er immer ein wenig zusammen, und seine Haare am Arm stellten sich auf. Auf dem Kopf hatte er zum Glück keine Haare mehr. Es roch auch leicht verbrannt. Er schien – was Stromschläge anging – ziemlich abgehärtet.

Dann sagte er den Satz, den ich in Zukunft von Handwerkern noch häufig hören sollte: »Das müssen wir alles neu machen!«

»Wir?«, fragte ich.

»Na, Sie wohl kaum.« Er kicherte. Man sah mir also meine 17 Semester Philosophiestudium wirklich an.

Der Elektriker redete sehr viel, während er alles neu machte im Bungalow:

»Haha, man sollte ja nicht in Asbest bohren, aber da wird schon nichts passieren, haha, ick ess ja auch noch Pommes. Vor allem die schwarzen knusprigen Pommes sind meine Leidenschaft. Ich hab ja viele Leidenschaften, ich sammle auch Dichtungen. Sie wissen schon, die kleinen schwarzen Ringe, mit denen man Rohre abdichtet. Meine Frau – Gott hab sie selig – hat immer gesagt, ich wäre halt auch nicht ganz dicht, dabei war's dann sie, die mit dem Fön in die Badewanne… Und das passiert mir, einem Elektriker, hahaha…«

»Aber das ist doch kein Asbest, glaube ich…«, warf ich ein, aber er reagierte gar nicht mehr auf mich; er steckte einen Schraubenschlüssel in eine alte Steckdose, und die Sicherung flog raus.

»Das machen wir alles neu«, rief er und zappelte durch den Bungalow. Immerhin weiß ich jetzt, woher diese Redewendung »Der steht unter Strom« kommt.

Um 16 Uhr machte er Feierabend.

»Da muss ich morgen nochmal kommen, dauert auch nur noch eine Stunde.« Er lachte nervös.

»Warum machen Sie es jetzt nicht einfach fertig?«, fragte ich. »Ist doch erst vier…«

»So spät am Abend arbeite ich nicht mehr«, beschied er, hüpfte in sein Auto und fuhr schnell davon.

Am nächsten Morgen traf ich ihn dann gar nicht mehr. Ich schlief wie immer in der schönen Datsche von Clara und David, stand um halb acht auf und ging sofort rüber in unseren Garten. An der Tür hing die Rechnung und eine kurze Notiz: »Alles fertig. Vielen Dank. Gern wieder.« Der Elektriker hatte eine ziemlich zittrige Handschrift.

Als Nächstes rief ich einen Klempner an. Klempner heißen heutzutage Sanitärinstallateure. Wahrscheinlich, weil man bei der alten Bezeichnung nur noch an Pornos denkt, in denen schnauzbärtige »Klempner« hübschen Damen ein Rohr verlegen. Ich brauchte aber wirklich jemanden, der ein Rohr verlegte. Das Rohr, das zum Waschbecken in unserem »Badezimmer« (ca. 1,5 Quadratmeter groß, ähnlich wie bei der »Stadt« kann ich es einfach nicht mit meinem Gewissen vereinbaren, diesen Begriff ohne Anführungszeichen zu verwenden) führt, tropfte und musste ersetzt werden. Genauso wie das Waschbecken und die Toilette samt Spülkasten.

Der Sanitärinstallateur sollte einen Tag nach dem Elektriker zu uns in den Garten kommen. Meine Freundin schärfte mir ein, ihm gegenüber bitte keine Rohr-Witze zu machen. Nach dem Debakel im Baumarkt hatte ich eigentlich auch gar keine Lust mehr auf anzügliche Witze im Bau-Kontext.

An besagtem Tag sah sich der Klempner das »Badezimmer« skeptisch an.

»Das müssen wir alles neu machen«, brummte er.

»Natürlich! Was auch sonst«, sagte ich resigniert.

»Ist aber nicht viel«, versuchte mich der Klempner auf-
zumuntern. Er trug tatsächlich einen Schnauzbart.

»Eigentlich müssten Sie nur ein Rohr verlegen«, sagte
ich. Eine Berufskrankheit: Der Witz musste gemacht werden – ohne Rücksicht auf Verluste.

Der Klempner brach in lautes Gelächter aus und schlug
mir auf die Schulter. »Sie sind mir ja einer! Diesen Witz
habe ich ja noch nie gehört. Sehr einfallsreich. Jetzt bin
ich schon seit 47 Jahren Installateur, aber das hat noch nie
jemand zu mir gesagt. Machen Sie das vielleicht beruflich,
Witze erzählen?«

»Meinen Sie das ironisch?«, fragte ich. »Sie wirken
eigentlich auch nicht älter als 50. Und irgendwie ist Ihre
Reaktion ein wenig übertrieben.«

Der Klempner sah mich plötzlich ernst an. »Die Reno-
vierung des Badezimmers wird 950 € kosten.«

»Ich hoffe, das meinen Sie auch ironisch?«

Jetzt lachte der Klempner ganz echt.

Der Klempner war zwar teuer, dafür aber schlecht. Ein
Loose-Loose-Installateur. Jedenfalls aus meiner Sicht. Das
neue Rohr tropfte und weichte die eigentlich wasserab-
weisende Bodenfarbe im Badezimmer auf, die er schlam-
pig aufgetragen hatte. Vielleicht war er wirklich Pornodarsteller? Seine Stärken lagen jedenfalls nicht im *sanitären*
Rohrverlegen.

Während meiner Karriere als Wohnungsmieter hatte
ich mir meinen Minderwertigkeitskomplex gegenüber
Handwerkern halbwegs abtrainiert. Ich weiß nichts vom
Handwerken. Die Elektriker, Installateure, Tischler, Ma-
ler, Schreiner erkennen das selbstverständlich auf den ersten Blick und behandeln mich meistens mit netter Herablassung, so wie man mit einem niedlichen, aber ziemlich

dummen Hund umgehen würde. Ich finde das in Ordnung und bekenne einfach immer beim ersten Kontakt offen meine Inkompetenz: »Entschuldigung, ich habe keine Ahnung, wie man einen Wasserhahn montiert, ich bin mir jedoch sicher, dass Sie das alles gut machen werden.« Damit können Handwerker umgehen, und ihre Herablassung verschwindet fast. Wahrscheinlich gibt es für einen ausgebildeten Handwerker nichts Schlimmeres, als von unfähigen Heimwerkern die ganze Zeit fachsimpelnd zurechtgewiesen zu werden. Ich möchte als studierter Philosoph mit Magisterabschluss ja auch nicht von dahergelaufenen Autodidakten belehrt werden und würde da genervt den Kopf schütteln, wenn irgendein Schreiner zu mir sagen würde: »Jean Baudrillards Konzeption der Hyperrealität zeigt anschaulich, dass in der Postmoderne eine Umwertung der Werte stattgefunden hat.«

Wittgenstein hat recht: »Wovon man nicht sprechen kann, darüber muss man schweigen.«[18] Oder wie Heinz es ausdrückt: »Wenn du keine Ahnung hast, dann halt einfach dit Maul.«[19]

Allerdings hat sich nun die Lage verändert: Als Mieter muss ja nicht ich die Handwerker bezahlen, sondern der Hauseigentümer. Wenn ich nun als Bungalowbesitzer den Handwerkern gegenüber zu ahnungslos auftrete, dann würden sie mich bestimmt über den Tisch ziehen. Nach dem Motto: »Dem dummen Wessi ziehen wir das Geld aus der Tasche. Der hat doch genug.« Dieses eigentlich untypische und unsympathische Misstrauen meinerseits wurde von meiner noch viel misstrauischeren Freundin verstärkt:

»Du musst reden wie ein Experte, sonst verarschen die dich nur, Sebastian«, sagte sie. »Das kennst du ja.«

»Wie jetzt? Weil ich immer verarscht werde oder was?«

»Nein, nein, alles gut, niemand verarscht dich.« Meine Freundin lächelte unschuldig.

Also rief ich den Sanitärinstallateur an und beschwerte mich über das schlecht verlegte Rohr. Natürlich sagte er sofort, dass er da nichts machen könne, das liege an der Wasserzufuhr, der Druck sei zu hoch.

Jetzt musste ich mit Expertenwissen dagegenhalten: »Der Druck ist nicht so hoch«, sagte ich, »weil... äh... das ist wie bei Jean Baudrillards Hyperrealität. Das Reale hat sich nämlich ins Imaginäre aufgelöst...« Es hatte keinen Sinn. Der Klempner kam wieder, und es kostete noch mehr Geld. Ich konnte nur schweigen. Oder frei nach dem großen Garten-Philosophen Heinz: »Dit Maul halten. Der macht dit schon. Geld is Geld. Kommt und geht. Wie die Jahreszeiten früher vor dem Klimadingsbums. Also mach hinne und bezahle.«[20]

Und ich bezahlte. Lehrgeld.

Aber vor allem auch echtes Geld.

Keinnetzanbieter

Ich saß im Garten und arbeitete. Ausnahmsweise verrichtete ich jedoch keine Garten- oder Bungalowarbeit. Ich musste ein neues Bühnenprogramm schreiben, das bald startete. Es würde sehr viel um meine Eltern im fernen Freiburg gehen. Aber das ist eine andere Geschichte.

Ich arbeitete also »richtig«. Das bedeutet: Arbeit, für die ich Geld bekomme – manchmal zumindest. Wenn genug Zuschauer zu meinen Auftritten kommen. Im Gegensatz zur Arbeit, die ich mit meinen Händen verrichte, kann ich im Garten sehr gut »richtig« arbeiten. Ein kurzer Exkurs zu dieser seltsamen Unterscheidung zwischen Hand- und Geistesarbeit. Ich gebrauche selbstverständlich auch zum Schreiben meine Hände, *tippen* nennt man das. Und Schreiben erfordert genauso einen handwerklichen Verstand wie das Handwerken selbst. Ich kann mir eigentlich kaum eine vermeintlich »geistige« Arbeit vorstellen, die ganz ohne Handwerk auskommt. Auch Kunst braucht Fertigkeit. Vielleicht ist das eine altmodische Vorstellung – und ich will mich hier auch nicht als tollen Künstler hinstellen –, doch arbeite ich schon lange im so genannten Kreativbusiness und habe meine Erfahrungen gemacht: Ein tolle Idee reicht nur sehr selten aus, um gute Kunst herzustellen. Ohne eine Idee geht es zwar auch nicht, doch ein wenig die Grundlagen zu kennen, zum Beispiel, was und wie andere schreiben, ist ebenso wichtig. Beim Handwerken und bei der Gartenarbeit braucht es sicher auch beides. Man muss schon wissen, wie man ein Rohr verlegt, welches Werkzeug man verwenden soll, aber ohne ein wenig »Geist« verlegt man das Rohr eben aufwärts, damit das Wasser nicht fließen kann. Oder so. Mir fehlt beim Handwerken jedenfalls beides. Ich kenne die Grundlagen nicht, und ich habe keine Idee, wie man es machen muss. Oder jedenfalls keine realistische Idee.

Wieder zurück zum Schreiben: Ich kann vor allem sehr gut im Garten arbeiten, weil es so ruhig ist. Keine Baustellen, kein Pressluftgehämmer. Vielleicht mäht ein Nachbar mal den Rasen, ein Hund bellt, sonst Stille. Oder eben das, was Stille hier draußen bedeutet – und viel angenehmer ist: Naturgeräusche. Vogelgesang, der Wind in den Bäumen, das Summen einer Hummel.

Doch nicht nur die Stille befördert meine Konzentration, mindestens ebenso wichtig ist: kein Internet. Weder auf meinem Handy noch WLAN für meinen Computer. Die Hauptfunktion meines Computers fällt damit aus. Ich kann mir alte Fotos anschauen oder das Schreibprogramm öffnen.

Ich saß also auf dem Holzdeck unter der Tanne, die wir vielleicht bald fällen wollten, sah auf den See, dessen Wasser der laue Wind leicht kräuselte. Die Sonne schien, und ich trug eine Sonnenbrille. Ich schreibe wirklich sehr gern, wenn ich eine Sonnenbrille trage. In welchem Beruf außer als Bademeister im Freibad oder Agent des Secret Service in amerikanischen Filmen kann man schon eine Sonnenbrille tragen?

In diesem Moment klingelte mein Handy. Ein Geräusch,

das ich sonst im Garten nur selten vernehme. Ich habe nämlich so gut wie nie Netz. Doch manchmal, wie von Zauberhand, erscheinen plötzlich zwei Empfangsbalken auf dem Handydisplay.

Eine mir unbekannte Frauenstimme meldete sich. »Sind Sie Herr Lehmann?«

Die Stimme klang seltsam dringlich und auch irgendwie leicht erotisch. Ich war sofort elektrisiert und bestätigte umgehend meine Identität.

»Gut, dass ich Sie erreiche, Herr Lehmann.« Die Frauenstimme seufzte. Es klang wie ein Stöhnen. Kannte ich diese Frau? Kannte sie mich? Ich wollte sie auf jeden Fall kennenlernen. »Es ist wirklich wichtig«, raunte sie.

»Worum geht es denn?«, fragte ich aufgeregt.

Stille.

»Hallo, sind Sie noch da?«

Die zwei Balken auf dem Display waren verschwunden. Das konnte doch jetzt nicht sein. Ich schaltete für ein paar Sekunden auf Flugmodus, manchmal geht es danach wieder. Und tatsächlich, ein einsamer Balken zeigte sich. Ich versuchte zurückzurufen, was konnte denn so wichtig sein? Hatte ich etwas gewonnen? Einen wichtigen Literaturpreis vielleicht? Oder wollte mir mein Verlag einen Millionenvorschuss für ein neues Buch bezahlen?

Es klingelte nicht mal. Das Netz hatte sich wieder verflüchtigt wie der Rauch nach einem Grillfest.

Online hatte ich eine Grafik gesehen, die zeigt, wie die Handynetzabdeckung der drei großen Telefongesellschaften in Deutschland verteilt ist.[21] Mein Anbieter, nennen wir ihn aus Diskretion nur H_2O, schneidet am schlechtesten ab. Die einsame Region in Ostdeutschland, wo mein Garten liegt, ist rot schraffiert. Nichts geht auf dem flachen Land, soll das wohl heißen. Doch nicht nur im Garten vermisse ich das H_2O-Netz, sobald ich in leichter besiedelte Regionen komme, verschwindet, zumindest bei mir, umgehend der Empfang. Schon im Tiergarten in Berlin kann das passieren. H_2O sollte, meiner Meinung nach, eher *Keinnetzanbieter* heißen.

Das Arbeiten ging jetzt immer schlechter. Ich nahm meine Sonnenbrille ab. Ständig schielte ich auf mein Handy, vielleicht würden die Balken wieder auftauchen. Der Cliffhanger war einfach zu gemein gewesen. Sollte ich in die »Stadt« fahren und auf dem Parkplatz das Netz genießen? Dann könnte ich gleich auch noch meine Mails checken.

Es war vorbei mit der Konzentration.

Das Handy klingelte erneut. Ich nahm sofort ab.

»Herr Lehmann?« Wieder die Frauenstimme. Sie klang jetzt irgendwie profaner.

»Was ist denn los?«, rief ich ungeduldig. »Reden Sie endlich!«

»Herr Lehmann, wir machen eine Umfrage.«

»Nein!«, schrie ich.

»Doch«, sagte die Stimme. »Es geht um Mobilfunk. Wie zufrieden sind Sie mit Ihrem Netzanbieter?«

Ich warf mein Handy in die Heckenrosen. Da, zwischen den Dornen, war es unerreichbar – wie ich selbst.

It never rains in northern Mecklenburg

Wetter: das wichtigste Gesprächsthema zwischen Eltern und Kindern. Etwa die Hälfte der Telefonate, die ich mit meinen Erzeugern führe, hat die Wetterverhältnisse in Freiburg (grundsätzlich sehr gut) und Berlin (immer sehr schlecht) zum Thema.

Wenn wir uns nicht über das Wetter unterhalten können, bleiben nur noch die negativen Aspekte meines ungebundenen Lebensstils als Gesprächsstoff: Geld (das ich nicht verdiene), Kinder (die ich nicht habe) oder Fleisch (das ich nicht esse).

Im Garten bekommt der Talk übers Wetter noch eine größere Bedeutung. Mit den anderen Gartenbesitzern habe ich ja noch weniger gemeinsam als mit meinen Eltern, aber über ausbleibenden Regen respektive zu viel Regen kann man als Gärtner immer fachsimpeln. Ohne eine halbwegs gute Verteilung von Regen und Sonne gedeiht ja nichts im Garten. In der Stadt sieht man dagegen selten zum Himmel, um die Wolkenbildung zu kontrollieren. Ich halte mich ohnehin meistens drinnen auf: in der Wohnung, in der U-Bahn, im Supermarkt, im Restaurant, in der Kneipe.

Mein Vater in Freiburg checkt dagegen jeden Tag dreimal seine verschiedenen Wettermessgeräte, sieht sich den Wetterbericht für Baden-Württemberg im SWR an und den für ganz Deutschland in der Tagesschau. Seit Neustem verfolgt er darüber hinaus die weltweiten Wetterentwicklungen auf den vier verschiedenen Wetter-Apps auf seinem Smartphone, das er sonst kaum bedienen kann. Wetter-App statt WhatsApp. Meine Lieblingsnachricht von ihm: »Leber Sebastian, heurka Gewitter in Freiburg. Lustige Grüße, dein Vucker.«

Ich schrieb zurück, dass es in Berlin nicht gewitterte. Und dass er die Autokorrektur mal abschalten solle.

Die Antwort ließ nicht lange auf sich warten. Meine Mutter hatte sie geschrieben. »Pass auf dich auf, Sohn. In Berlin ist ja ein Schneesturm angekündigt.«

Sie macht sich einfach immer Sorgen.

Freiburg ist eben sehr grün, da hält man sich viel draußen auf und will wissen, ob das Wetter so schön bleibt. Außerdem liegt die Natur nah. Wenn ein Freiburger mit seinem Fahrrad 15 Minuten in eine Richtung fährt – egal, wo man wohnt –, steht er mitten im Schwarzwald oder in der Rheinebene. Mit Weinreben oder hohen Tannen um einen herum. Wenn ich von meiner Berliner Wohnung aus 15 Minuten mit dem Fahrrad in eine Richtung fahre, stehe ich noch im gleichen Stadtteil. Falls ich nicht vorher in die sich öffnende Tür eines parkendes Taxi geknallt bin und vom Fahrer angeschrien werde, warum ich hier überhaupt Fahrrad fahre, das sei doch viel zu gefährlich in Berlin. Immerhin würde er mir dann anbieten, mich zum nächsten Krankenhaus zu fahren. Natürlich zum ganz normalen Tarif. Da bleibe ich lieber gleich in meiner gemütlichen Wohnung und entspanne vor dem Fernseher.

Ich verbrachte mal zwei Monate in New York. Schnell fand ich heraus, warum es in New York so viele Restaurants, Museen und Unternehmen gab – alle von Weltrang. Weil man als durchschnittlicher New Yorker einfach so wenig Zeit wie möglich in seiner viel zu kleinen, viel zu lauten, viel zu kalten oder viel zu heißen Wohnung verbringen will. Dann noch die Kakerlaken überall. Spinnen gibt es bestimmt auch. Also lieber essen gehen oder ein Start-up gründen. Berlin bot jahrelang viel zu viele große und günstige Wohnungen, da blieb man lieber zu Hause als arbeiten zu gehen. Wahrscheinlich hatte deswegen die SPD so viele Wohnungen an ihre Freunde von der Immobilienmafia verkauft. Damit die kräftig die Mieten erhöhen können und die Berliner aus ihren großen, gemütlichen Altbauwohnungen vertreiben.

Seltsamerweise ist der Himmel über New York trotz der Hochhäuser immer weit. Ich sah oft nach oben, während ich durch New York lief. Oben spielt sich viel ab, da wohnen die Reichen und Schönen. Manchmal fuhr ich mit einem dieser hyperschnellen Aufzüge nach oben, in den 94. Stock oder so. Der Himmel ist nah in New York. Außerdem fährt der New Yorker gern raus aus der Stadt, denn besonders im Sommer heizt sich der Steinhaufen Manhattan so auf, dass man nach Long Island flüchten muss.

In Berlin kann man dagegen Monate zubringen, ohne die Stadt verlassen zu müssen. Die einzigen fünf Minuten mit Himmel über einem sind der Weg zur U-Bahn-Station. Keine Ahnung, wie Wim Wenders auf die Idee gekommen ist, einen Film mit dem Namen *Der Himmel über Berlin* zu drehen.

Wenn ich in meinen Garten fahre und nach einer knappen Stunde Autofahrt die Stadtgrenze hinter mir gelassen habe, weitet sich der Horizont endlich, sehr viel Himmel taucht vor mir auf.

Mein Philosophieprofessor hatte uns im ersten Semester erzählt, dass die Philosophie entstand, als die Griechen wohlhabender geworden waren und ein paar Männer nun nicht mehr den ganzen Tag auf den Feldern schuften mussten. Und plötzlich Zeit hatten. Freizeit. Was macht man da so? Man schaut nach oben zum Himmel. Einfach so. Nicht, um zu überprüfen, ob es bald regnen würde, sondern mehr so aus Langeweile. Aus Langeweile entsteht ja häufig Erkenntnis. Denn man beginnt Fragen zu stellen: Warum ist der Himmel so weit? Gibt es mehr als nur unser begrenztes Dasein auf dieser Erde? Wohnt da jemand auf dem Mond? Und wenn man die Sterne nicht zur Navigation benutzen muss, sondern um hübsche Frauen (oder bei den Griechen auch hübsche junge Männer) mit romantischen Sprüchen zu beeindrucken, dann fragt man sich auch zwangsläufig, was es denn mit diesem ganzen Universum so auf sich hat? Wo es endet? Wo der Anfang liegt? Oder existieren vielleicht gar keine Begrenzungen da oben? Was ist mit diesem Gott? Wohnt der da oben wirklich zwischen den Wolken?

Im Garten spielt das Wetter jedenfalls eine viel größere Rolle als in Berlin. Nicht nur, weil es selbstverständlich schöner ist, bei Sonne im Garten zu liegen. Sondern auch zum Beispiel für die Blumen, die meine Freundin pflanzte. Der erste Sommer im Garten galt gleich als Jahrhundertsommer. So wie der davor auch schon. Schon im Juli ähnelte unser Garten einer Steppe, die Klimakatastrophe verwandelte die Mecklenburger Seenplatte in eine Wüste. Die Bauern, so hörte man, machten sich große Sorgen um ihre Ernte. Wir überlegten, Kakteen und Sukkulenten zu pflanzen. Vielleicht könnten wir nicht nur Gurken und Zucchini anbauen, sondern auch Mangos und Physalis?

Wie sehr man dem Wetter außerhalb der Stadt ausgeliefert ist, erfuhren wir einmal sehr anschaulich: Bei Starkregen (das einzige Mal in diesem heißen Sommer) auf der Autobahn brachen plötzlich die Scheibenwischer meines alten Skoda ab. Ja, sowas kann passieren. Wusste ich auch nicht. Die Reparatur würde bestimmt sehr teuer werden. Eine günstige Autoreparatur hatte ich bis jetzt nämlich noch nicht erlebt. Ein Beispiel:

»Ihre Fensterheber haben sich leicht verklemmt. Damit kommen Sie nie durch den TÜV, kaputte Fensterheber sind ein Sicherheitsrisiko, stellen Sie sich mal vor, Sie wollen Ihre Zigarettenkippe aus dem Fenster schnippen, und dann geht das nicht auf, und Sie werfen die Kippe gegen das Glas, sie prallt ab und landet in Ihrem Schoß. Die Reparatur kostet leider 300 Euro.«

VW Yeah!

Wir verließen bei der nächsten Abfahrt die Autobahn und fanden sogar eine Werkstatt. Die geschlossen hatte. Wie alle Autowerkstätten in der Umgebung. Es war ja Samstag, 14 Uhr. Schließlich gehen am Wochenende keine Autos kaputt.

Zum Glück hörte es dann auf zu regnen. Wir beschlossen weiterzufahren, eine Stunde musste es trocken bleiben, so weit waren wir noch vom Garten entfernt. Dunkelgraue Wolken türmten sich am Himmel auf, als drohe die Apokalypse. Ein Höllenritt. Ich schrieb meinem Vater eine WhatsApp und fragte, was seine Wetterkarten für Brandenburg und Mecklenburg-Vorpommern vorhersagen würden.

»Gevatter voran! In Freiheit ist das Wetter aber böser«, schrieb er zurück.

Wir hatten eine Stunde lang Angst, es könnte anfangen zu schütten. Dann würden wir irgendwo in Mecklenburg-Vorpommern auf dem Standstreifen der A20 stranden. So mussten sich die Siedler damals auf den Trecks in den Wilden Westen gefühlt haben in ihren undichten Planwagen.

Wir hörten »It never rains in southern California« im Autoradio. Und sangen beschwörend mit: »It never rains in northern Mecklenburg.«

Das Wetter hielt zum Glück. Das ganze Wochenende lang. Ein Jahrhundertsommer eben.

Die Reparatur der Scheibenwischer kostete dann 400 Euro.

Tiere 4: Wespen

Hinter dem Bungalow steht ein Holzschuppen, in dem wir unser Werkzeug und den Grill lagern. Der Schuppen gehört wohl einer anderen Epoche an als der Bungalow und ist als Produkt der wiedervereinigten Baumärkte Deutschlands zu erkennen. In Blockhausoptik gehalten, allerdings klein, feucht und dunkel. Wenn ich die Tür öffne, huschen Spinnen in die düsteren Ecken, dazu überall erstaunlich riesige Spinnennetze.

Ich mag den Schuppen nicht.

Eines Tages im Frühling hing dann plötzlich ein Wespennest im Türrahmen. Die bauen ja noch schneller als die Bauarbeiter hinter unserem Haus in Berlin.

Warum ausgerechnet im Türrahmen?

Anfangs duckte ich mich noch einfach und sprang todesmutig in den Schuppen. Doch das Nest wuchs. Zuerst schwirrten nur ein paar Wespen um die Tür und krabbelten über das trichterförmige Gebilde ihres Nests. Schnell wurden es mehr. Voller Todesangst sprang ich immer aufgeregter in den Schuppen. Wespen sind schließlich böse Tiere, das hatte ich schon in der Kindheit gelernt und auf alle Ewigkeit verinnerlicht. Wie die Brennnesseln gehören Wespen den bösen Mächten des Gartens an. Sie stechen einen einfach so aus Spaß, nicht wie die vorsichtigen Bienen, die einen Stich mit dem Leben bezahlen. Dank Biene Maja haben die ohnehin einen makellosen Ruf. Naturschützer geben ihren Insektenschutzprogrammen lieber die Überschrift »Rettet die Bienen« als »Rettet die Stubenfliege«. Bei Wespen würde bestimmt auch niemand mitmachen. Die versauen einem ja ab Juli jede Nahrungsaufnahme im Freien und stechen eben grundlos und – zumindest für sie selbst – folgenlos. Bei den heroischen Bienen ist das Stechen eine existenzielle Angelegenheit, sie opfern sich für die Gemeinschaft. Das finden Menschen ein gutes Konzept, jedenfalls theoretisch. Außerdem schmeckt Honig lecker.

Meine Kindheit beherrschte ein Mantra, das ich auch in meinem Erwachsenenleben noch häufig zu hören bekomme, immer wenn bei einem Essen im Freien wieder die Wespen angreifen: »Nicht bewegen, Sebastian! Beweg dich bloß nicht!«

Doch aus eigener Erfahrung kann ich sagen: Die Wespen stechen auch, wenn man sich ruhig und besonnen verhält, ihnen tief in die schwarzen Augen sieht und beschwichtigend auf sie einredet – »Liebe Wespe, steche mich jetzt nicht in den Unterarm, auf dem du einem Bergsteiger gleich zwischen meinen Härchen umherkletterst«.

Nicht bewegen und ruhig halten ist ja ohnehin ein beliebter Ratschlag in unserer Gesellschaft. Denn Bewegung stört die Herrschenden. Sie bevorzugen träge und bewegungslose Untertanen. Hatte ich diese Theorie auch von Peter Lustig? Ich springe jedenfalls immer wie ein Derwisch umher, kippe Tische um und renne auch mal einfach weg, wenn eine Wespe beim Abendessen im Freien distanzlos um mich herumschwirrt.

Im Garten geschah dann allerdings etwas Unerhörtes:

Trotz der unzähligen Wespen, die das Nest und eigentlich den ganzen Schuppen bevölkerten, wurde ich nie gestochen. Meine Freundin ebenfalls nicht. Die Wespen ließen uns in Ruhe, störten uns nicht beim Essen und ignorierten uns, wenn wir an ihrem Nest vorbei in den Schuppen stolperten.

Ist die Landwespe einfach entspannter als ihre städtische Verwandte? Es existieren 4000 Arten in der Familie der so genannten Faltwespen. Anscheinend hatten wir es mit einer pazifistischen Art zu tun. Leben und leben lassen. Wahrscheinlich generell eine ganz gute Herangehensweise im Umgang mit Tieren im Garten. Versuche ich auch immer wieder Heinz zu erklären, wenn er sich mit seinem Spaten auf die Pirsch nach Waschbären legt. Doch er bewegt sich nicht.

Im Hochsommer verschwanden die Wespen wieder. Wir waren zwei Wochen nicht im Garten gewesen, und bei unserer Rückkehr hing das Nest verlassen in der Schuppentür. Es sah ein wenig aus wie die Überbleibsel einer längst untergegangenen Zivilisation.

Jetzt hatte ich wieder vor den Spinnen Angst.

Wie sehen Sie denn aus?

Zwei Wochen später hatte der Loose-Loose-Installateur endlich das Rohr repariert, das »Badezimmer« war nun voll funktionstüchtig. Erneut ein kleiner Fortschritt. Duschen konnten wir bei Clara und David, die zum Glück schon letzten Sommer eine Gartendusche installiert hatten. Mit Solar. Unsere kleine Datschensiedlung besitzt nur Kaltwasserversorgung, und die antiken Stromleitungen würden keinem Durchlauferhitzer oder Boiler standhalten, hatte mir der nervöse Elektriker erklärt. Leider stand die Solardusche hinter dem Bungalow im Schatten. Das hätte auch mir passieren können. Erst abends schien für circa 10 Minuten die Sonne auf die Solarpanels. Also nur kaltes Wasser zum Duschen. Aber es war ja sowieso immer heiß in diesem Jahrhundertsommer. Und irgendwann wurde der Körper ohnehin taub.

Nachdem der Installateur wieder abgerauscht war und bevor ich wieder zurück nach Berlin fuhr, spazierte ich noch ein wenig um den See herum. Die Sonne ließ das Wasser glitzern wie die Haut eines Vampirs in einem schlechten Teeniefilm aus den Nullerjahren. Diese Vergleiche! Scharf wie die Messer eines veganen Metzgers im Prenzlauer Berg.

Auf dem schmalen Weg um den See kommt man anderen

Spaziergängern recht nahe. Falls man jemandem begegnet. Die Dorfbewohner scheinen kaum ihre Häuser zu verlassen. Und wenn doch, steigen sie sofort in ihr Auto und rasen in die »Stadt« oder Stadt.

Heute kam mir aber einer entgegen. Angekündigt durch seinen wurstförmigen Hund, der ausgiebig meine Beine beschnüffelte und dann unbeeindruckt weitertrottete. Schließlich tauchte auch sein Herrchen auf. Ich ging zur Seite, um ihn durchzulassen.

Er starrte mich an. Ich werde oft unverhohlen angestarrt bei meinen Spaziergängen. Dabei grüße ich immer höflich. Das Grüßen muss immer vom Neuling ausgehen. Die Definition eines Neulings lautet: weniger als 20 Jahre im Dorf wohnen oder weniger als zehn Jahre einen der Gärten besitzen. Westdeutsche gelten lebenslänglich als Neulinge. Vielleicht würden meine in Berlin bis jetzt ungeborenen Kinder dereinst als Eingeborene akzeptiert werden.

Alteingesessene Gärtner besitzen das Abwarte-Recht. Man darf starren und auf die Erstgrüß-Verpflichtung des Neulings pochen.

Auch jetzt nickte ich dem Dorfbewohner zu und schmetterte ihm ein gut gelauntes »Hallo« entgegen. »Hallo« ist okay, hatte ich festgestellt. »Tag« geht auch, von Tageszeiten abhängige Grüße ebenfalls, also »Morgen« oder »'N Abend«. Allerdings muss man darauf achten, nicht die Berliner Langschläfer-Tageszeiten zu verwenden. Ein »Morgen« zur falschen Uhrzeit kann eine eher unverständliche Reaktion hervorrufen: »Wat? Is doch schon halb zehn, fast Mittag!« Auch das hatte ich vom Elektriker gelernt.

Ein in großstädtischen Hipster-Kreisen verbreitetes »Hey, na?« sollte auf jeden Fall vermieden werden. Das wird nicht als Gruß verstanden, sondern als Frage. »Nix is!« lautet darauf die absolut korrekte Antwort. Denn wann ist hier schon mal was? Ein absolutes No-Go stellt das bayrische »Grüß Gott!« dar. Da ist man bei den ungläubigen Norddeutschen gleich unten durch. Einmal hatte ich es mit einem »Heyho« versucht, ich hatte wohl schon das eine oder andere Bier intus, anders ist dieser Fauxpas nicht zu erklären. Der vernichtende Blick, den ich darauf erntete, erinnerte an einen Killer in einem Mafia-Film von Martin Scorsese, bevor er dem Opfer in den Kopf schießt.

Nach meinem »Hallo« hellte sich der Blick des Dorfbewohners sofort auf. Er nuschelte mir ein »'n Abend« entgegen. Es war ja auch schon halb vier. Dann hielt er kurz inne, sah mich nochmal von oben bis unten an und sagte tatsächlich: »Schönes Wetter heute«, bevor er weiterging. Ich war wie elektrisiert und rief ihm »Ja, Sonne! Schönen Tag ebenfalls« hinterher. So viel hatte ich noch nie mit einem ortsansässigen Mecklenburger gesprochen. (Außer eben mit Heinz, aber das ist etwas anderes, Heinz kam ja auch aus Leipzig.)

Ich war zufrieden mit mir, ich hatte alles richtig gemacht.

Der ostdeutsche Garten-Knigge will gelernt sein. Leider existiert er in keiner geschriebenen Form, ist oft uneindeutig und kann auf unterschiedliche Weise ausgelegt werden. Grüßen beherrsche ich nun halbwegs. Wie angemessene Gartenkleidung aussieht, konnte ich dagegen noch nicht endgültig klären. Zwar hatte mich der Dorfbewohner zurückgegrüßt, sein irritierter Blick angesichts meiner Gartenkleidung allerdings blieb.

Klar, kurze Hose muss sein. Gern ausgebleichte Shorts

bei Männern, bei Frauen gehen auch Radlerhosen oder Leggins, allerdings nur in den Farben Lila oder Rosa. Dazu ein altes T-Shirt, bei Männern auch Feinripp-Unterhemd oder bei ausreichender Hitze (über 15 Grad) einfach freier Oberkörper. Heinz kann hier als perfektes Vorbild dienen.

Ich versuche, mich so gut es geht daran zu halten. Gleich im Frühling hatte ich meine Badeshorts zu heiß gewaschen. Damit wurden sie zu eng (unerlässlich im Garten) und sahen schön ausgebleicht aus. Ich kombinierte sie mit alten T-Shirts, bedruckt mit bunten *Star-Wars*-Motiven, die ich vor ein paar Jahren ironisch gekauft hatte.

Ein Hinweis für angehende Gärtner: Ironie im Kleingarten vermeiden! Hecken können nicht ironisch geschnitten werden, Gurken wuchsen ebenfalls nicht ironisch. Arbeit (auch Gartenarbeit) ist nie lustig. Wahrscheinlich werde ich deswegen weiterhin angestarrt. Ich sehe nicht ernst genug aus. Manchmal lächle ich sogar.

Aber heute trug ich ein graues T-Shirt. Trotzdem hatte der Dorfbewohner gestarrt. Sein Blick schien zu sagen: »Wie sehen Sie denn aus?«

Meine Freundin saß im Garten und pflanzte ausnahmsweise mal keine Blumen ein. Ich erzählte ihr von meiner Begegnung, dem erfolgreichen »Gespräch« und dass ich mal wieder Aufmerksamkeit erregt hätte.

Sie deutete auf meine Füße.

»Was meinst du?«, fragte ich.

»Du trägst weiße Turnschuhe.«

Was für ein Anfängerfehler! Kaum etwas zeigte wohl eindeutiger an, dass man nichts vom Landleben und dreckiger Gartenarbeit verstand. Ich hätte genauso gut ein rosa Tutu tragen können.

Am nächsten Tag in Berlin kaufte ich Badelatschen. Neben Sandalen die einzigen im Garten erlaubten Schuhe.

Eine Woche später spazierte ich damit stolz um den See. Leider begegnete ich dieses Mal niemandem. Ich ging noch eine Runde. Und noch eine. Schließlich marschierte ich durchs Dorf. Da traf ich endlich einen Einheimischen, der gerade seine Hecke schnitt, obwohl sie einem mit Zirkel abgemessenen Kegel glich. Ich grüßte, und er grüßte zurück. Aber starrte. Keine Ahnung, woran es jetzt lag.

Es ist ein Mysterium. Mecklenburg bleibt ein Reich der Rätsel.

Ich beschloss, morgen zu einem FFK-Strand an einem See in der Nähe zu gehen. Da war wenigstens die Kleiderordnung eindeutig.

Elternzeit

Meine Mutter ruft aus meiner Heimatstadt Freiburg an.

So beginnt jede Folge meiner Radiokolumne. Sie ruft aber manchmal auch wirklich an.

»Hallo Sebastian, hier ist …« Die Verbindung brach ab. Ich saß im Garten, und der *Keinnetzanbieter* wurde mal wieder seinem Ruf gerecht. Ich lief über den Rasen, hielt dabei mein Handy in die Luft und winkte damit umher. Stieg auf einen Baumstumpf. Kletterte auf das Gartentor. Manchmal half das.

Glaubte ich.

Hoffte ich.

Betete ich.

Es half nie. Doch manchmal federte es das Gefühl des Kontrollverlusts ein wenig ab. Wir haben uns so sehr an unsere Mobiltelefone gewöhnt, dass wir schon gar nicht mehr damit umgehen können, wenn es mal keinen Empfang gibt. Die ganzen Achtsamkeitsfetischisten predigen seit Jahren, die ständige Erreichbarkeit würde uns ziemlich verrückt machen. Das stimmt zweifellos. Doch noch viel verrückter macht es uns, wenn wir nicht erreichbar sind. Dabei sollte ich mich inzwischen dran gewöhnt haben, dass das H_2O-Netz sehr viele, circa mecklenburg-vorpommerngroße Löcher aufweist. Daran änderte auch die an Regentänze erinnernde Choreographie, um die Kontrolle respektive das Netz wiederzufinden, nichts.

Ich gab auf, ließ mich in den Liegestuhl fallen und starrte zum Himmel. Ein einsames Flugzeug zog durchs Blau, so weit oben, dass man es nicht hörte. Eine Säge heulte auf, weit entfernt und zum Glück nur kurz. Hier war einfach alles weit – Weite im Sinne von Leere und von weit weg. Das mochte ich wirklich an diesem Ort. Ich schloss meine Augen. War ich gerade sogar entspannt?

Nach einer Viertelstunde blickte ich wieder auf mein Handydisplay, zwei kleine verschämte Empfangsbalken waren wie aus dem Nichts aufgetaucht.

Ich rief meine Eltern an.

Mein Vater nahm ab. Ich erschrak erstmal. Mein Vater ging sonst nie ans Telefon. Selbst wenn ich ihn auf seinem Handy anrief. Auch dann ging meine Mutter ran.

»Lehmann. Wer ist da?«, fragte er.

»Papa, du weißt, wer anruft. Das steht auf dem Display.«

»Wo?«

»Auf dem Bildschirm.«

»Da kommt gerade Leichtathletik-WM.«

»Nicht der Fernsehbildschirm! Dein Handy!«

Es raschelte. »Nicht jetzt draufschauen, Papa.«

»Da steht ›Sohn 2‹.«

»Charmant. Und mein Bruder ist dann ›Sohn 1‹ oder was?«

»Nee, der ist einfach ›Christian‹.«

Ich beschloss, diesen Weg nicht zu gehen.[22] »Mama hat mich gerade angerufen«, sagte ich. »Dann ist die Verbindung abgebrochen, weil ich hier Garten nur schlechten Empfang habe.«

»Dann kannst du ja gar nicht Leichtathletik-WM gucken?«, fragte mein Vater besorgt.

»Gib mir bitte einfach Mama. Warum bist du überhaupt ans Telefon gegangen?«

»Deine Mutter ist auch im Garten.«

Im Garten hinter dem Haus in Freiburg natürlich.

»Da hat sie bestimmt das andere, schnurlose Telefon mitgenommen, Papa. Stell mich doch einfach durch.«

»Das klappt nie«, murmelte ich.

Ihre Verbindung wird gehalten, ihre Verbindung gehalten. Ihr Verbindung…

Zehn Minuten später: »Bist du noch dran, Sohn 2?«

»Ja, Papa.«

»Hat nicht geklappt.«

Er legte einfach auf.

Ich sprang vom Liegestuhl und rief sehr laut »AHHH« gen Himmel. Meine Freundin sah kurz vom Beet auf, wo sie gerade neben dem Schmetterlingsflieder kniete, machte aber keine Anstalten zu fragen, was denn los sei. Es war ja immer was los – und so genau wollte sie es offenbar gar nicht mehr wissen. Schließlich versuchte ich es nochmal.

»Lehmann! Wer ist da?«, fragte mein Vater.

»Papa, warum immer?«

»Deine Mutter ist jetzt wieder aus dem Garten in die Wohnung gekommen.«

»Dann gib sie mir doch einfach.«

Es raschelte erneut, dann meldete sich meine Mutter: »Was ist denn so wichtig, dass du ständig deinen Vater anrufst?«

»Du hast doch mich angerufen!«

»Man hört dich ja kaum! Die Verbindung ist ganz schlecht. Wo bist du denn?«

»Im Garten!«

Meine Mutter stöhnte theatralisch auf. »Ich verstehe das nicht, Sebastian, so ein eigener Garten. Schaffst du das überhaupt? Du warst ja nie ein Naturbursche ...«

»Das stimmt doch nicht, Mama. Ich habe als Kind immer draußen gespielt.«

»Ja, und ich hatte immer Angst um dich. In der Natur überlebt ja nur der Stärkste, und du bist ...« Sie hielt inne.

»Was bin ich?«

»Survival of the Fidschis. Ich mache mir jedenfalls Sorgen. So ein eigener Garten ist viel Arbeit. Schon allein das Heckeschneiden – jeden zweiten Tag.«

»Ihr schneidet eure Hecke jeden zweiten Tag?« In meiner Erinnerung wirkte die Freiburger Hecke eigentlich nicht besonders gut gepflegt, geschweige denn geometrisch. Wahrscheinlich eine neue Entwicklung, sie wurden mit dem Alter immer wunderlicher.

»Den Rasen mähen wir nur dreimal die Woche«, rief mein Vater von hinten ins Telefon. Wie immer telefonierte ich mit beiden gleichzeitig.

»Das hat dann aber auch nicht mehr viel mit Natur zu tun.« Wahrscheinlich würden sie sich ausgezeichnet mit Heinz verstehen. Vielleicht sollte ich sie mal einladen, das würde unsere Stellung in der Siedlung sicher verbessern. »Immerhin vernünftige Eltern scheinen sie zu haben, die Jungen aus Berlin. Der Vater Lehmann weiß auch perfekt übers Wetter Bescheid«, stellte ich mir den Kommentar von Heinz vor.

»Auch im Garten muss alles seine Ordnung haben«, riss mich mein Vater aus den Gedanken. »Überall diese Bäume mit ihrem Laub.« Er machte eine Kunstpause. »Die muss man alle fällen«

»Ich will mich einfach nur ein wenig entspannen«, sagte ich.

»Was? Jetzt warst du gerade wieder weg, Sebastian.«

Ich winkte noch ein wenig das Handy umher.

»Entspannen kann man doch nicht im Garten.« Meine Mutter kennt mich anscheinend doch ganz gut. »Du musst Unkraut jäten, Blumen und Gemüse pflanzen, die Nachbarn verklagen, weil ihre Hecke rüberwächst ...«

»Und Bäume fällen ...«

»Ja, ich überlege wirklich, die eine Tanne zu fällen, aber ich habe mir den Garten nicht für die Garten*arbeit* zugelegt.«

»Hätte mich auch gewundert«, sagte mein Vater. »Arbeit ist ja eh nicht so deins.«

»Vielleicht wollt ihr mich mal im Garten besuchen? Wir könnten zusammen den Rasen mähen oder die Hecke schneiden ...«

»Hach, das klingt schön«, sagte meine Mutter.

»Ich fäll einen Baum«, rief mein Vater.

»Mama, warum hast du mich eigentlich angerufen?«

»Also, ich wollt dir eigentlich nur erzählen, wie gut das Wetter wieder in Freiburg ist und wie schlecht bei dir ...«

Die Verbindung brach ab.

Ich blickte lange auf mein Handy. In mir breitete sich eine große Leere aus. Die Leere fühlte sich gut an, nämlich leer. Manchmal will man ja lieber nichts fühlen. Oder Nichts – großgeschrieben.

Ich blickte wieder zum Himmel, der seit Nietzsche ebenfalls leer über uns liegt, unbewohnt – Gott ist schließlich tot, hatte der andere große Schnauzbartträger neben meinem Vater damals festgestellt. Was da noch bleibt, so der schlecht gelaunte Philosoph, ist die »ewige Wiederkunft

des Gleichen«. Ich ahne, wie Nietzsche auf so einen Gedanken kommen konnte, wahrscheinlich hatte er einfach
sehr häufig mit seinen Eltern telefoniert.

Die Grube

*»Wer sich oder anderen eine Grube gräbt, muss irgend-
wann das ganze Zeug auch wieder abpumpen lassen.«*

Eine alte Gärtnerweisheit (von Heinz)

Im Hochsommer beschäftigte ich mich fast nur noch mit
Garten und Bungalow. Ich fuhr einmal oder zweimal die
Woche nach Mecklenburg, um mich mit Handwerkern zu
treffen oder selbst zu arbeiten. Ungewöhnlich viel Zeit verbrachte ich weiterhin in Baumärkten. Es gab so viel Dinge,
die ich reparieren musste. Dabei ging es oft um nichts Großes: Wir brauchten zum Beispiel einen Gartenschlauch.
Der Jahrhundertsommer machte der Natur immer mehr
zu schaffen. Waldbrände, die in Brandenburg so schlimm
wüteten, dass man den Geruch von verbranntem Holz sogar in Berlin roch, gefährdeten zwar nicht unseren Garten, aber die Sonne vernichtete auch ganz ohne Feuer jede
frisch gepflanzte Blume. Ein Gartenschlauch, dachte ich,
das konnte nicht so schwer sein. Doch finde einmal einen
passenden Anschluss für einen verrosteten DDR-Wasser-
hahn aus den mittleren Siebzigerjahren des vorigen Jahr-
tausends. Da musste mit Draht und Gummi improvisiert
werden. Ich sage nur so viel: Ich wurde nass. Und am Ende

funktionierte es trotzdem nicht, und wir schleppten weiter Gießkannen. Irgendwann fand ich dann heraus, dass der Anschluss sehr wohl passte, ich musste nur mit Gewalt nachhelfen. Aber da hatte ich schon sieben verschiedene Schlauchadapter gekauft. Ich fühlte mich wie Sisyphos. Zwar rollte ich keinen Felsbrocken auf einen Berg. Gibt ja auch keine hier oben. Sehr viel nutzlose Arbeit verrichtete ich trotzdem.

Zudem litt meine normale Arbeit, also das Schreiben, stark unter den Gartenverpflichtungen. Meine Freundin muss jeden Tag ins Büro. Als mein eigener Chef kann ich mir meine Aufgaben selbst einteilen. Das bedeutet: Ich muss nicht unbedingt jeden Tag acht Stunden schreiben. Eine Woche freinehmen ist schon drin. Oder vier. Im Sommer stehen ohnehin viel weniger Auftritte an, weil die Leute bei 30 Grad im Schatten lieber ins Schwimmbad gehen als zu Lesungen. Arbeiten, also Schreiben, musste ich allerdings trotzdem, es muss ja irgendwann auch wieder Geld reinkommen, damit ich noch viele Gartenschläuche kaufen kann. Doch wenn man seine Tage mit Streichen und Bodenverlegen verbringt, sich in Baumärkten und Gartencentern rumtreibt, hat man kaum den Kopf frei für Literatur. Außerdem hatten wir unser ambitioniertes Ziel, noch im August in der eigenen Datsche zu übernachten, nicht aufgegeben. Daneben suchten uns auch leider immer wieder unvorhergesehene Katastrophen heim.

Zwar funktionierte die Toilette einwandfrei, nach einer Woche fiel mir jedoch ein ziemlich unangenehmer Geruch auf. Woher konnte das kommen? Ach, bestimmt wieder nur die nervige Natur, dachte ich. Geht schon wieder weg.

Ging aber nicht weg.

Als uns Heinz mal wieder besuchte, rümpfte er die Nase. »Grube voll, oder wat?«, rief er. Ich starrte ihn an. Er trug heute kein Feinripp, sondern gleich nackten Oberkörper. Sein Bauch war groß und rund und wirkte erstaunlich fest.

»Hallo? Jemand zu Hause?«, rief er.

»Die Grube?« Davon hatte ich schon gehört und als Problem abgespeichert, um das wir uns noch kümmern mussten. Und sofort wieder verdrängt. Als Stadtbewohner macht man sich ja keine Gedanken, wohin das geht, was man da jeden Tag auf der Toilette ... ihr wisst schon. Im Garten gibt es für die menschlichen Ausscheidungen eine Grube. Also, eigentlich ein Loch hinter der Laube, das ein wenig wie ein kleiner Brunnenschacht aussieht. Darüber liegt eine verrostete Metallplatte. Wenn das Loch voll ist, dann schwimmt darin bis zum Anschlag ... ihr wisst schon.

»Die Gruben hier sind alle nicht auf dem neustem Stand. Müsst ihr dringend mal neu machen lassen.« Heinz hustete vielsagend.

Na, klar. *Neu machen* natürlich.

Heinz grinste. »Wird aber sicher ...«

»Teuer«, ergänzte ich.

»Du lernst schnell, mein Lieber. Bist ja schon 'nen richtiger Gartenexperte.« Er lachte und trommelte auf seinen Bauch. Es hörte sich hohl an. »Aber dit is Zukunftsmusik. Erst musste die Grube entleeren lassen. Sonst schwimmt hier bald alles ... du weest schon.«

»Ick wees«, sagte ich.

Also telefonierte ich wieder. Eine Firma zur Grubenentleerung war gar nicht schwer zu finden. Abwassergruben schienen hier ziemlich verbreitet. Zwei Tage später hielt ein riesiger Tanklastwagen an der Dorfstraße.

Ein Mann, an dem alles schlaff herabzuhängen schien, stieg aus dem Führerhäuschen. Er besaß beeindruckende dunkelblaue Tränensäcke, Angela-Merkel-Mundwinkel und einen Hängebauch. Seine Hose hing mindestens so weit unten wie bei einem Skater. Er roch auffällig nach Lavendelseife.

Ich führte ihn zur Grube, die hinter unserem Bungalow lag, und schob die Metallplatte weg. Darunter schimmerte es so bräunlich wie bei einem AfD-Ortsvereinstreffen. Da sind sie wieder, meine schneidigen Vergleiche.

Der Grubenentleerungsbeauftragte blickte traurig in die Grube. Seine Arbeit schien ihn zum Melancholiker gemacht zu haben. Allerdings sagte er nicht: »Das müssen wir alles neu machen«, sondern nur: »Das geht nicht.«

»Wieso?«, fragte ich.

»Wie soll ich mit meiner Pumpe denn hier zur Grube kommen?« Er deutete auf seinen riesigen Laster vorne an der Straße, aus dem ein ebenso riesiger Plastikrüssel schlaff und traurig hing.

»Scheiße«, sagte ich, obwohl ich mir vorgenommen hatte, dieses Wort zu vermeiden. Immer das Gleiche.

Jetzt schien der Grubenarbeiter noch trauriger.

»Ist ja nicht alles Kacke«, versuchte ich ihn aufzuheitern.

Er brach in Tränen aus.

»Tut mir leid.« Ich reichte ihm ein Taschentuch.

»Ach, wissen Sie, tagein, tagaus fahre ich zu diesen Gärten, und die Leute zeigen mir ihre Gruben und erwarten, dass ich ihr Problem löse. Aber niemand interessiert sich für meine Probleme.« Er schneuzte sich lautstark.

»Was haben Sie denn für Probleme?«

»Ich habe früher beim Zirkus gearbeitet«, sagte der Gru-

benentleerer und lehnte sich müde an einen Baumstamm.
»Aber das ist lange her. Niemand geht mehr in den Zirkus, die Kinder heutzutage spielen ja nur noch auf ihren Handys rum.«

»Was haben Sie denn gemacht im Zirkus?«

»Ich war Seiltänzer.« Ein schmales Lächeln formte sich zwischen seinen herabhängenden Wangen. Vielleicht hatte ihn seine Arbeit nicht nur melancholisch gemacht, sondern auch verrückt. Der dicke alte Mann sah nicht gerade wie ein Seiltänzer aus.

»Jahrelang tourte ich durch Europa«, fuhr er fort und wirkte auf einmal ein wenig wacher. »Wir feierten große Erfolge. Wenn ich an diese Zeit zurückdenke, habe ich das Gefühl, meine Tage eigentlich nur oben im Trapez verbracht zu haben.« Jetzt lächelt er sogar richtig, dabei glänzten seine Augen aber immer noch traurig. »Das Publikum liebte mich und meine Kunststücke. Ich war glücklich und verlobte mich mit einer ukrainischen Löwendompteuse. Doch dann ging der Zirkus pleite, und ich musste mir einen neuen Job suchen. Und na ja, jetzt entleere ich schon seit fünfzehn Jahren Gruben. Tiefer fallen kann man ja eigentlich nicht mehr.«

»Auch Ihre Arbeit als Grubenentleerer ist wertvoll. Sie werden gebraucht!«, sagte ich. »Sie machen die Menschen immer noch glücklich, aber eben anders.«

Er schneuzte sich nochmal und warf das Taschentuch einfach in unsere Grube. Dann schien er wieder seine Fassung zurückzugewinnen. »Es tut gut, einmal mit einem verständigen Menschen wie Ihnen zu sprechen. Ich werde sehen, was sich machen lässt. Wir bekommen den Wagen schon irgendwie zu Ihrer Grube.«

Er ging wieder zurück zu seinem Laster und manövrierte ihn geschickt zu unserem Grundstück. Danach verlegte er den Rüssel zur Grube, es reichte gerade so, und eine halbe Stunde später war alles schon fertig.

Zum Abschied schüttelte ich seine schlaffe Hand. »Ich danke Ihnen, Sie haben meinen Tag gerettet.«

Er nickte nur, stieg wieder in seinen Lastwagen und fuhr langsam davon.

Am nächsten Tag kam ein Brief vom Amt. Ich musste eine neue Grube einbauen lassen, die alte entsprach nicht mehr den Umweltvorschriften. Natürlich war es sehr teuer und sehr dringend.

Jetzt hatte ich nicht mehr nur das Gefühl, jeden Tag sinnlos einen Felsen auf einen Berg zu rollen, der danach einfach wieder hinunterkullerte. Sondern, dass mich dieser beschissene Felsen auch noch überrollte.

Das Kleine im Großen

Ich saß mit Lucas in einem Café an der Karl-Marx-Allee im Ostteil Berlins. Manche echten Berliner nennen sie mit hochgezogenen Augenbrauen immer noch Stalinallee. Alles hier atmet Monumentalität: die riesigen Wohnhäuser, die sechsspurigen Kreisverkehre, das riesige Kino International. Allerdings sehen selbst die schönsten sozialistischen Prachtbauten weniger monumental aus, wenn im Erdgeschoss ein Outdoor-Laden residiert, der gerade großflächig Sonderangebote für Thermoschlafsäcke und Karabinerhaken plakatiert.

»Kommt ihr voran mit der Datsche?«, fragte Lucas und nippte an seinem Kaffee. Wir saßen draußen auf dem Asphalt, die Sonne im Rücken.

Ich räusperte mich. »Lieber Lucas, das ist die falsche Frage. In einem Garten eifert man nicht irgendeinem Ziel nach. Dort herrscht der ewige Kreislauf der Natur. Der Kleingarten verneint quasi die sonst allgegenwärtige Wettbewerbslogik des spätmodernen Kapitalismus.«

»Also ihr kommt nicht voran?«

»Natürlich nicht!«, rief ich. »Es ist schrecklich. Alles dauert ewig, nichts wird fertig. Wir schlafen bei unseren Nachbarn im Bungalow, weil wir noch den Boden verlegen müssen und streichen und die Spinnen ausrotten.« Hektisch nahm ich noch einen Schluck von meiner Club-Mate, die mich leider schon lange nicht mehr wach machte, nur hibbelig. »Der Sommer ist bald vorbei, und wir haben so wenig geschafft.«

Lucas tätschelte beruhigend meine Hand. »Ich hab's dir gleich gesagt. Du könntest hier im Park liegen oder gemütlich auf deinem Balkon grillen.«

»Ich weiß. Aber es ist ja auch schön. Meistens. Manchmal. Hin und wieder. Wenn nur mal was fertig werden würde. Aber die Datsche bleibt eine Baustelle.«

»Wie Berlin«, rief Lucas theatralisch. »Hier wird doch auch nichts fertig. Der Flughafen ist dabei nur das nervigste Beispiel.[23] In Berlin stellt man erstmal einen Bauzaun auf, sperrt alles ab – und dann passiert nichts mehr. Bis der Zaun nach ein paar Jahren schließlich umfällt und irgendjemand einen Streetfood-Markt auf der Brache eröffnet.«

Ich blickte die riesige Straße hinunter, auf der allerdings nur sehr wenige Autos fuhren. »Berlin ist eben eine Großstadt. Kaum ist mal was fertig, bröckelt es am anderen Ende schon wieder. Wir haben nur einen Kleingarten.«

»Kleingarten hört sich auch ein bisschen spießig an … Du bist Kleinkünstler und Kleingärtner.« Lucas grinste mich an.

»Wir haben doch nicht so einen normalen Garten!«, rief ich empört. »Bei uns darf alles wachsen, wie es will. Also fast. Brennnesseln natürlich nicht. Und der blöde Giersch. Ach, es wächst halt alles sowieso. Außer den von uns gepflanzten Blumen …«

Ich hielt inne. Lucas hörte mir offensichtlich nicht mehr zu und tippte auf seinem Handy rum.

Ich habe manchmal die Befürchtung, dieses Bedürfnis,

ein kleines Stück Land zu umzäunen und zu beackern, soll kompensieren, dass wir wohl nie ein Eigenheim besitzen und unser Leben lang in einer Mietwohnung mitten im stressigen Berlin residieren werden. Wenn alles weiterhin gut läuft und unsere Wohnung nicht an eine windige Immobilienfirma verkauft wird. Diese Idee, das Lebensziel sei, in einem eigenen Haus zu wohnen, scheint tief in mir verankert zu sein. Dabei hatte ich in meinem Leben bis jetzt immer zur Miete gewohnt. Ein Eigenheim stellt irgendwie grundsätzlich ein hohes Gut in Deutschland dar. Damit bin ich aufgewachsen, ich hatte sogar einen Bausparvertrag abgeschlossen.

Im Prinzip spricht auch nichts dagegen, ein eigenes Haus zu bauen, es können und müssen ja nicht alle in der Großstadt wohnen. Andererseits gibt es schon genug Häuser in Deutschland, nur eben nicht am richtigen Ort. Bei uns im Dorf in Mecklenburg stehen zum Beispiel ein paar leer. Nützt dem Häuslebauer in Böblingen jedoch leider nichts.

Ich fahre viel mit dem Zug durch Deutschland, und da fällt mir häufig auf, dass hierzulande gern klein gebaut wird. Kleine Häuser mit kleinen Gärten davor. So ein Neubaugebiet sieht nicht wie die Stalinallee aus. Eine allgemeine europäische Entwicklung: Die Engländer zum Beispiel bauen noch viel kleiner, die Häuser gleichen winzigen Burgen, und in den Zimmern liegt weicher Teppichboden, in dem die Füße versinken und jedes Geräusch schon im Keim erstickt wird.

»Ein kleiner, gemütlicher Garten, umzäunt und mit einer Hecke vor den bösen Blicken der Nachbarn geschützt«, sagte Lucas, als könnte er meine Gedanken lesen, und wischte auf seinem Handydisplay herum.

»Das ist dein Kleinstadt-Trauma, Lucas. Du fühlst dich nur auf weiten Straßen wie hier zu Hause.«

»So ist es.« Er stand auf, setzte seine Noise-Cancelling-Kopfhörer auf sowie eine Sonnenbrille, obwohl die Sonne inzwischen hinter Wolken verschwunden war, und verabschiedete sich. Nach ein paar Metern sprang er auf einen bunten E-Scooter, der am Straßenrand zwischen einem großen Haufen Leihrädern lag. Lucas ist einfach der perfekte Großstädter. Ich eben nicht. Mich zieht es wieder zurück in die übersichtlichen Verhältnisse der beschaulichen Baden-Metropole Freiburg. Ich bin in einer ziemlich kleinen Wohnung aufgewachsen. Im Gegensatz zu Berlin baut man in Freiburg auch eher klein, winzige Kanäle, so genannte »Bächle« fließen durch die Innenstadt. Nur das berühmte Münster mit seinem riesigen Turm ist im Verhältnis ein wenig zu groß geraten. Auch die Berge hinter der Stadt ragen halbwegs hoch in den meist blauen Himmel. Dazu der dichte und weite Schwarzwald, so groß, dass ich mich regelmäßig beim Joggen verlaufe.

Als ich nach Berlin zog, schien es, als würde sich die Welt für mich öffnen. Ich erinnere mich, wie ich zum ersten Mal in einer riesigen Berliner Altbauwohnung stand. In Berlin war so viel Platz. Platz zum Leben und Denken, Platz zum Partymachen und zum Nichtstun. Genau das, was man braucht mit Anfang 20. Ein Durchgangszimmer, groß wie eine Ein-Zimmer-Wohnung in Freiburg. Ach was, größer. Riesige Freiflächen mitten in der Stadt, das Tempelhofer Feld, der Tiergarten. Viele Straßen sind so breit wie die Karl-Marx-Allee, man kann auf ihnen gut zu Techno tanzen, Panzer auffahren lassen oder Fußball gucken. All das hat in Berlin ja auch Tradition. Es gibt Luft zum Atmen. Auch wenn die nicht so schön sauber ist wie im Schwarzwald. Dieses Gefühl von Platz und Freiheit hat sich dank steigender Mieten in Berlin inzwischen weitgehend erledigt. Und je älter man wird, desto mehr schätzt man eben den Überblick, das Vertraute – das Kleine.

Bedeutet mein Garten also wirklich, dass ich mich auf den Weg mache zurück ins beschauliche Kinderzimmer meiner badischen Heimat? Der Garten als Ausdruck einer regressiven Haltung? Will ich mich auf einem winzigen Stück Land hinter hohen Hecken verstecken? Aber die Hecken sind nicht mit Absicht so hoch, sondern weil ich sie nicht oft genug schneide.

Es stimmt nicht, es fühlt sich eigentlich wie das Gegenteil an: Ich entfliehe der neuen Enge Berlins. Die Stadt ist in den letzten Jahren immer voller geworden, nicht nur die Brache hinter unserem Haus wird bebaut, überall drängen sich die neuen Häuser in die Freiflächen, die Einwohnerzahl steigt stetig, immer mehr Touristen besuchen die Stadt. Der Garten bedeutet vielmehr Weite. Dazu Ruhe. Und ja auch: kein Internet, keine ständige Erreichbarkeit.

Der Garten ist das Große im Kleinen.

Ich stand auf und zahlte. Sollte ich auch mal so einen E-Scooter ausleihen? So richtig großstadtmäßig. Was würden sie in unserem Dorf sagen, wenn ich mit so einen Ding über die einzige Straße brettern würde?

Für verrückt würden sie mich halten.

Zu Recht.

Tiere 5: Marder

Ich hatte den Marder noch nie gesehen. Trotzdem musste es ihn geben. Der Automechaniker war sich nämlich sicher gewesen: Marderschaden. Ich wunderte mich erstmal. Das gibt es noch? Autos sehen inzwischen aus wie Panzer und verbrauchen auch etwa so viel Sprit, aber diese kleinen flauschigen Tierchen, eine Mischung aus Eichhörnchen und Ratte, können immer noch ein Auto lahmlegen, indem sie irgendwelche Schläuche anknabbern? Vielleicht liegt es daran, dass ich kein Panzerauto fahre. Zum Glück bin ich gegen Marderschäden versichert. Mit einer Selbstbeteiligung von 150 Euro, erklärte mir mein Versicherungsmensch, als ich ihn anrief. Die Reparatur kostete 149 Euro. Was für ein Zufall! Wie habe ich gelacht. Ich klang wie ein Film-Bösewicht, der gerade seinen Gegenspieler hinrichten will, aber dann doch selbst stirbt. Meine Freundin, die zufällig neben mir stand, blickte mich besorgt an.

Und wieder etwas, das schiefging. Immer mehr Steine überrollten mich kleinen Wohlstands-Sisyphos.

Ich recherchierte ein wenig. Man könnte ein Gitter unter dem Motor montieren oder das Auto mit irgendwas Ungesundem und Umweltschädlichem einsprühen. Im Internet herrscht allerdings die einhellige Meinung, dass eigentlich nichts gegen Marder helfe.

»Außer een schöner Schlag mit der Schaufel auf den Kopp«, wusste Heinz, als ich ihm vom Marder erzählte.

Manchmal macht er mir Angst. Wird man so, wenn man seit circa 43 Jahren im Garten lebt?

Zum Glück schien der Marder recht vorsichtig zu sein. Auch Heinz hatte ihn noch nicht erspäht. Und er patrouillierte nachts gern mit dem geschulterten Spaten um seinen Carport herum.

Ich fand mich mit der Marderknabbergefahr ab. Unsere Autos gehören nicht hierher, und der Marder erinnert uns daran, dass die Natur sich nicht alles gefallen lässt und gegebenenfalls zurückschlägt, zum Beispiel in Form von Marderschäden, tödlichen Viren, abschmelzenden Polkappen, Stürmen, Überschwemmungen, Apokalypse.

Ein paar Tage später stellte ich das Auto in unserer Straße in Berlin ab. Es dämmerte bereits, und plötzlich bemerkte ich etwas Flinkes und Kleines im Augenwinkel. Ich drehte mich um und entdeckte vier Marder, die mich gespannt beobachteten. Wahrscheinlich Jungtiere. Sie waren erstaunlich niedlich, weniger Ratte, mehr Eichhörnchen. Außerdem bewegten sie ihre Köpfchen synchron, was sie noch süßer aussehen ließ. Als ich auf sie zuging – Foto für Instagram natürlich –, rannten sie leider davon. Ich sah gerade noch, wie sie in den Motorraum eines parkenden Panzers sprangen. Mal sehen, was sie da so einrichten können, die braven Stadttiere.

Rohre verlegen und Land vermessen

Ich werde immer nervös, wenn mich Leute fragen, was ich beruflich mache. Vor allem bei Handwerkern. Sie checken mich erstmal von oben bis unten ab und schütteln dann den Kopf. Irgendetwas scheint sie an mir zu irritieren. Wahrscheinlich liegt es wieder nur an den weißen Turnschuhen.

»Was machst du ... äh, was machen *Sie* denn beruflich?«

Leider ist das ziemlich schwer zu erklären.

Ich mag Berufe, die schon mit ihrer Bezeichnung genau anzeigen, was jemand verrichtet: Der Maurer mauert, der Lokführer führt eine Lok, der Rohrverleger verlegt ein Rohr. Eigentlich sollte es auch bei mir nicht allzu schwer sein. Ein Schriftsteller stellt Schrift her. Die englische Bezeichnung passt noch besser: *Writer*. Ich bin ein Schreibender. Aber erkläre das mal den eigenen Eltern. Oder einem Rohrverleger. Oder Heinz.

»Ick schreibe ooch. Jeden Tag. Den Einkaufszettel.«

Manche Berufe sind immerhin noch undurchsichtiger: Was macht beispielsweise ein Senior Creative Consultant Manager den ganzen lieben langen Tag in seinem Office?

Oder ein Assistant Junior Editor im Bereich Business Networking? Oder ein Beamter?

Mein Vater war Beamter. Meine ganze Kindheit und Jugend versuchte ich, mir auszumalen, was mein Vater so tagsüber im Büro anstellte – oder wie es in Süddeutschland tatsächlich hieß, egal, wo man arbeitete: »im G'schäft«. Ein »G'schäft machen« bedeutet dagegen etwas völlig anderes, da muss man als Nicht-Badener höllisch aufpassen. Mein Vater arbeitete in einem echten Amt, war kein Lehrer oder Polizist. Wenn ich ihn von zu Hause aus im Büro anrief, erreichte ich ihn selten. Es gab einen komplizierten Pausenplan. Morgens die Frühstückspause, obwohl mein Vater schon zusammen mit uns zu Hause gefrühstückt hatte, dann später am Vormittag »Kaffee«. Ab 12 Uhr selbstverständlich Mittagspause, danach wieder »Kaffee«, gegen 15.30 Uhr Feierabend. Ich lernte von ihm das hübsche Wort »Gleitzeit«. Wenn ich ihn mit diesen Beamtenklischees aufzog, sah er mich nur ernst an, strich sich über seinen stolzen Schnurrbart, der bei deutschen Beamten zur Berufsuniform gehörte, und sagte: »Das Geld nimsch aba.« Das ist badisch und heißt auf Hochdeutsch: »Sei lieber ruhig, Sohn, sonst kürze ich deine Unterstützung!«

Heute besuchte mich wieder ein Handwerker bei uns im Garten. Er sollte sich den Bungalow anschauen, um zu prüfen, ob er Ausgleichsmasse reinkippen konnte. Also Beton, damit der Boden eben wurde und ich das teure Parkett verlegen konnte. Oder vielleicht auch gleich er. Der Handwerker schaffte das bestimmt wie in dem Erklärungsvideo in ein paar Minuten.

»Geht. Is kein Problem«, sagte der Handwerker sofort,

als er den schiefen Bungalow betrat. Das war ja mal was Neues.

»Müssen Sie das nicht nachmessen oder so?«, fragte ich.

»Nee, das seh ich so.«

Ein beunruhigender Satz. Ich hatte auch so gesehen, dass es schon irgendwie ging mit dem Parkettverlegen. Ging dann aber gar nicht. Allerdings besitze ich nicht die scharfen Zollstock-Augen eines gelernten Handwerkers.

Jetzt würde er gleich die Frage stellen. Ich sah, wie es in seinem Kopf arbeitete: »Wie kann sich dieser junge Typ aus dem Westen so einen Garten leisten? Ist der überhaupt schon volljährig? Und weiße Schuhe im Garten! Wahrscheinlich ist er einfach wahnsinnig.«

»Was machen Sie beruflich?«, fragte er schließlich wirklich.

Ich brauche endlich eine Antwort, die sowohl den Fragesteller als auch mich zufrieden stellt. Ein Schreibender, das geht einfach nicht. Ich habe sogar schon mal gesagt, dass ich Arzt wäre. Das würde auch die weißen Schuhe erklären. Rechtsanwalt habe ich ebenfalls schon ausprobiert. Vielleicht sollte ich dem Handwerker antworten, ich sei Pornodarsteller. Da würde er wahrscheinlich nicht weiter nachfragen. Eben alles Berufe, die leicht zu verstehen sind: Ich mache Menschen gesund, ich verklage Menschen, ich ficke Menschen.

Lange habe ich gesagt: »Ich bin Autor.«

Das erklärt allerdings so gut wie nichts. Autor von was? Büchern? Außerdem kommt immer sofort die Anschlussfrage: »Kann man davon leben?« Oder in der passiv-aggressiven Variante: »Davon kann man leben?«

Ich komme mir ohnehin immer prätentiös vor, wenn ich über meinen Beruf rede. Auch sonst komme ich mir oft prätentiös vor. Zum Beispiel, wenn ich in der Öffentlichkeit, etwa im Zug, Zeitung lese. Eine echte Zeitung aus Papier. Da spüre ich die Blicke der Mitreisenden, die zu sagen scheinen: »Oh, der feine Herr liest seine Zeitung noch auf Papier, nicht wie wir, der Pöbel, ganz normal auf dem Handy. Der hält sich wohl für was Besseres, wie er da mit seiner Papierzeitung vor sich hin raschelt. Wahrscheinlich hat er dafür auch noch Geld bezahlt, wie damals im letzten Jahrhundert. Warum nicht gleich Kaffee aus einer Porzellantasse trinken, dieser prätentiöse Schnösel.«

Genauso fühle ich mich, wenn ich in ein Gespräch über meinen Beruf verwickelt werde. Das läuft meistens so ab:

»Und wie läuft's mit dem Studium?«, fragt ein Mensch.

»Ich bin 38«, antworte ich.

»Aha, Langzeitstudent oder was?«

»Nee, schon lange nicht mehr.«

»Oha, hat der junge Herr etwa einen Beruf?«

»Ja, ich bin Schriftsteller.«

»Na, klar. Und ich bin der Weihnachtsmann. Und im Frühling arbeite ich als Osterhase.«

»Wirklich, ich habe schon sechs Bücher geschrieben.«

»Ach, der feine Herr schreibt Bücher. Bestimmt auch noch auf Papier? Ist das nicht ein wenig prätentiös?«

Eigentlich besteht mein Beruf vor allem darin, lustig zu sein. Dabei bin ich privat gar nicht besonders witzig. Meine Freundin lacht selten über mich. Oder doch, das habe ich jetzt falsch ausgedrückt: Sie lacht selten *mit* mir. Mein Alltag ist langweilig. Ich sitze den ganzen Tag zu Hause rum und warte darauf, dass mich ein Witz trifft. Weil mich ein Witz aber nicht einfach so trifft, schreibe ich ganz viel, bis irgendwann mal was Witziges dabei rauskommt.

Der Handwerker hatte sich inzwischen eine Zigarette angezündet und blickte mich immer noch fragend an. Vielleicht sollte ich ihm einfach sagen, ich sei Gärtner. Schließlich standen wir gerade in meinem Garten. Doch das kommt wahrscheinlich unlogisch rüber, welcher Gärtner legt sich schon einen Hobbygarten zu? Einen total verwilderten Hobbygarten? Ich schaue mir ja auch keine Komödien an oder lese lustige Bücher. Lachen kommt mir immer wie Arbeit vor. Ein Arzt will in seiner Freizeit schließlich auch nicht den Hautausschlag seiner Stiefmutter begutachten. Vor allem, wenn er eigentlich Hirnchirurg ist und nur noch mit dem Computer operiert. Ein Arzt will in seiner Freizeit Komödien im Fernsehen angucken und keine Verwandten nackt sehen. Ein Rechtsanwalt will im Privatleben niemanden verklagen. Obwohl – das könnte ich mir schon vorstellen. Hat ein Pornodarsteller in seiner Freizeit eigentlich Sex? Oder liegt er abends mit seiner Ehefrau im Bett und sagt, wenn sie mal wieder Lust hat: »Ach Schatz, es tut mir leid, ich hab den ganzen Tag gearbeitet, immer rein raus rein raus, ich kann einfach nicht mehr. Jetzt würde ich einfach nur gern ein wenig kuscheln und dann gemütlich in deinen Armen einschlafen.«

Der Handwerker blickte mich inzwischen doch leicht irritiert an. Keine Ahnung, wie viel Zeit vergangen war. Jedenfalls hatte er seine Zigarette schon aufgeraucht.

»Sie müssen nicht antworten, wenn Sie nicht wollen«, sagte er schließlich und wendete sich zum Gehen.

»Doch, doch«, sagte ich. »Ich bin – Pornodarsteller.«

»Hatte ich mir gleich gedacht«, sagte der Handwerker. »Und davon kann man leben?«

Wirklich erniedrigend, wenn Leute, deren Beruf das gar nicht ist, lustiger sind als ich.

Als der Handwerker wieder in sein Handwerkerauto gestiegen und weggefahren war, ließ ich mich erstmal in meinen Liegestuhl fallen. Ich hatte noch eine Stunde Zeit, bis der Landvermesser kommen sollte. Das klang irgendwie glamourös: »Der Landvermesser kommt zu mir.«

Ich fühlte mich etwas erschöpft vom Nachdenken und Reden über meine Arbeit. Übers Arbeiten zu reden oder jemandem beim Arbeiten zuzuschauen finde ich fast genauso anstrengend, wie selbst zu arbeiten.

Als ich so in der Nachmittagssonne lag und ein frühes Bier trank – ein schönes Privileg des freischaffenden Autors –, fiel mir auf, dass Gärtnern und Schreiben sich eigentlich ähneln. Am Schreiben gefällt mir am besten, eine neue Realität zu erschaffen. Das muss nicht gleich eine ganz neue Welt sein, kein Mittelerde oder so. Es reicht mir, die fade Wirklichkeit etwas auszuschmücken. Zum Beispiel, dass Menschen in einer erfundenen Welt einmal im Jahr fliegen könnten, nur für zehn Minuten, aber regelmäßig und wirklich. Was würde das mit der Menschheit machen, wenn sie für ein paar Minuten alles von oben betrachten dürfte? Oder dass die Männer die Kinder kriegen müssten. Oder dass ich ein guter Heimwerker wäre und meine Rohre selbst verlege. Das kann alles passieren in einer Geschichte, die ich schreibe. Außerdem wurde in meiner erfundenen Realität alles lustiger sein. Der Handwerker könnte zum Beispiel wirklich glauben, dass ich ein Pornodarsteller sei. Wäre viel witziger, als das Gespräch wiederzugeben, wie es sich wirklich zugetragen hatte:

»Doch, doch«, sagte ich. »Ich bin … Schriftsteller.«

»Hatte ich mir gleich gedacht«, sagte der Handwerker. »Und davon kann man leben?«

Jedenfalls ähneln sich Schreiben und Gärtnern. Das klingt leider auch leicht prätentiös. Man kann im Garten ebenfalls seine eigene kleine Welt erschaffen, die ein bisschen bunter und schöner ist als die wirkliche Natur. Beerensträucher und Obstbäume wachsen in meinem Garten, weil ich sie angepflanzt habe, und Blumen, die ohne die Hilfe eines Gärtners nirgendwo überleben oder wenigstens nicht jedes Jahr blühen würden. Man kann einen Teich anlegen und ein paar goldene Karpfen reinwerfen, die in der echten Natur bestimmt sofort von einem Reiher gefressen werden. Oder ein Vogelhäuschen aufstellen, damit die niedlichen Vögel immer vor dem eigenen Fenster rumpicken. Einfach bessere Natur – jedenfalls für den Menschen.

Allerdings ging mir dann auf, als ich mich langsam wieder aus dem Liegestuhl hievte – schließlich musste ich dringend noch gießen, bevor der Landvermesser kam –, dass Schreiben wie Gärtnern mit ziemlich viel Arbeit verbunden ist.

Ob es sich lohnt, entscheidet das kritische Publikum.

Schließlich fuhr der Landvermesser vor. Leider in einem gelben Renault Twingo, nicht in einem alten Land Rover oder einer Holzkutsche, was ich mir angemessener vorgestellt hätte. Bei einem Landvermesser weiß man auch sofort, was er macht: Er vermisst Land.

Ich hätte nicht gedacht, dass wirklich noch Landvermesser existieren. Seit Franz Kafka in seinem unvollendeten Roman *Das Schloss* von einem Landvermesser namens K. erzählt hatte, ist dieser Beruf zu einem Mythos geworden. Jedenfalls für Leute wie mich, die zehn Jahre Literaturwissenschaft studiert haben. Der Landvermesser

K. wird von Kafka als zwielichtige Figur beschrieben. Er kommt einfach in ein Dorf und behauptet, vom Schloss als Landvermesser bestellt worden zu sein. Unklar bleibt, ob überhaupt ein Landvermesser gebraucht wird. Das Schloss, das über dem Dorf thront, versucht K. hartnäckig zu erreichen, was aber leider nicht funktioniert, irgendwas kommt immer dazwischen. Im Schloss vermutet er unzählige Amtsstuben, wahrscheinlich ganz ähnlich den Freiburger Büros, in denen mein Vater gearbeitet hatte.

Übrigens vermisst der Landvermesser K. im Roman nie Land. Ob es sich bei ihm überhaupt um einen Landvermesser handelt, bleibt ebenso unsicher. Der Roman bricht abrupt mitten im Satz ab. Was wohl bedeuten soll: Es geht immer so weiter. Oder: Es kann gar nicht weitergehen. Oder Kafka wollte einfach nicht mehr weiterschreiben. Er hat schließlich nie einen Roman beendet. Beim *Prozess* wollte sich Kafka selbst überlisten und schrieb gleich als Erstes das Ende. Leider fehlte dann ziemlich viel im Mittelteil. Heute würde ein Senior Creative Writing Manager sagen, dass es sich bei Kafkas Büchern um einen »Content Fail« handelt. Seltsamerweise empfinde ich die unvollendeten Romane keineswegs als Mangel. Sie sind genau so richtig.

Das lässt sich auch gut auf andere Lebensbereiche übertragen: Man muss nicht alles perfekt zu Ende bringen. So ein unvollendeter Garten und eine halb fertige Datsche ist auch okay. Oder wie es in einem Lied von Oasis heißt: »True perfection is imperfect«. Das sollte die offizielle Datschen-Hymne werden.

Kein Amt, aber ähnlich surreal wirkte übrigens das Notarbüro, in das wir gleich zu Anfang gehen mussten, um den Kaufvertrag für das Grundstück zu unterschreiben. Eigentlich ziemlich bizarr, dass man für den Kauf eines kleinen Gartengrundstücks einen notariellen Vertrag aufsetzen muss, während man beim Kauf eines bedeutend teureren Mittelkasse-Wagens einfach so in ein Autohaus geht, seine Kreditkarte auf den Tisch knallt und gut gelaunt mit dem neuen Passat Kombi nach Hause fährt.

Die Notarin las dann den kompletten Vertrag Paragraf für Paragraf vor, während wir samt dem Verkäufer an einem ovalen Holzfurniertisch saßen und Mineralwasser medium tranken. Zum Glück erklärte sie auch, was alles bedeutete. Ich verstand das meiste trotzdem nicht. Am Ende unterschrieben wir einfach. Wird schon passen, dachte ich. Das, was man eben denkt als Kleinbürger-Junge aus einer Familie, in der noch niemand Grundbesitzer gewesen ist.

Der Landvermesser hieß leider nicht K. Oder wenigstens Herr Kaftan oder so. Und aufs Schloss ließ er mich ebenfalls nicht. Auch wenn ich ihn mehrfach danach fragte.

»Den Witz habe ich ja noch nie gehört, Herr Lehmann«, sagte er mit ernstem Gesichtsausdruck. »Ist das Ihr Beruf, Witze erzählen? Und damit können Sie sich diese ausschweifenden Ländereien leisten?«

Ich ließ das Thema fallen.

Anders als Kafkas Landvermesser vermaß meiner sehr gewissenhaft das Land. Es war genauso groß, wie es meine Freundin gleich zu Anfang schon in ihrem Misstrauensanfall vermessen hatte. Er setzte vier Grenzsteine, und ich musste einen Wisch unterschreiben. Dann gehörte das Land mir. Also noch nicht ganz. Ich musste dem Landvermesser erst ziemlich viel Geld überweisen. Grunderwerbssteuer sollte ich auch zahlen. Und Grundsteuer. Und ins

Grundbuch eingetragen zu werden, kostet selbstverständlich auch Geld. Schließlich erreichte mich ein Brief von einem so genannten Katasteramt. Davon hatte ich noch nie gehört. Wahrscheinlich liegt es hoch oben auf einem unerreichbaren Schloss. Ich sollte Geld für etwas bezahlen, von dem ich nicht wusste, was es war. Ich las den Brief mehrfach und verstand nichts. Ich überwies das Geld dann einfach. »Jetzt ist es auch egal«, dachte ich wieder. Obwohl ich das ja nicht mehr denken wollte. Aber vielleicht stimmt es ja irgendwie. Man sollte sich nur über Sachen aufregen, die man ändern kann – so ähnlich sagen es die Philosophen der Stoa. Davon war ich noch weit entfernt. Immerhin wurde mir am Ende des Sommers immer mehr egal. Wer einen Garten besitzt, muss gelassener werden. Das hatte ich inzwischen gelernt.

»Wer Grund kauft, muss ständig grundlos was bezahlen«, sagte ich zum Landvermesser.

Er lachte wieder nicht. Er schien ähnlich wenig Humor zu besitzen wie ein Schlossbeamter bei Kafka.

Ein paar Wochen später fragte ich meinen Vater am Telefon, ob er mir diese ganzen Ämterbriefe und Gebührenbescheide erklären könne?

»Davon habe ich keine Ahnung«, meinte er nur.

»Aber du warst Beamter, du musst dich damit auskennen und dieses Bürokratie-Deutsch verstehen. Was hast du denn die 40 Jahre überhaupt gemacht?«

»Das Geld häsch aber gnomme«, sagte er. Auf Hochdeutsch heißt das ungefähr: »Sei lieber ruhig und ein bisschen dankbar.« Dann hörte ich nur noch das leise Knistern der Haare seines inzwischen grauen Schnurrbarts, den er sich wohl gerade zurechtstrich, und ich beließ es dabei.

Als ich, ein paar Tage nachdem der Landvermesser alles

vermessen hatte, meinen neuen Besitz abschritt und die Grenzsteine nochmal begutachtete, saß auf einem eine Schnecke mit einem schönen Haus. Ich nahm es als gutes Omen.

Der Fuchsbandwurm-Fluch

Ich dachte immer, auf dem Land zu joggen, funktioniert viel besser als in der Stadt. In Berlin muss ich erst einen Kilometer lang über Gehwege laufen, drei mehrspurige Straßen mit Ampeln überqueren, Passanten und Touristengruppen umrunden, bis ich schließlich am Tiergarten ankomme. Dort kann ich dann halbwegs ungestört meine Runden drehen, falls mich nicht wieder zähnefletschend einer der »Der-tut-doch-nichts«-Hunde jagt. Im Garten kann ich einfach losjoggen und bin ungestört.

Auch heute begegnete ich mal wieder keiner Menschenseele, als ich um den See joggte und dann weiter über einen Feldweg zu einer kleinen Siedlung, etwas außerhalb des Dorfes. Leider war ich mit einem anderen Problem konfrontiert: Die Wege enden plötzlich. Egal, in welche Richtung ich renne, der Weg hört schnell auf, schließlich ist man in dieser Gegend nicht zu Fuß oder mit dem Fahrrad unterwegs, braucht also nur die Straßen.

Irgendwie schäme ich mich, wenn ich doch mal einen Einheimischen treffe. Ich denke dann, dass sie denken: »Jetzt muss dieser Städter hier auch noch joggen.« Und: »Wer jeden Tag 17 Stunden auf dem Feld arbeitet, danach die Hecken beschneidet und mit seinen Schäferhunden Gassi geht, braucht sowas nicht. Nur diese verweichlichten Städter, die vor ihren Laptops sitzen und sinnentleerte Wörter hin und her schieben, gehen joggen, echte Männer würden sowas nie tun, vor allem nicht in weißen Schuhen.« Aber dann grüßen sie mich nur nett und pfeifen ihre Schäferhunde zurück, die mich nicht wie die Städterhunde verfolgen, sondern nur kurz beschnüffeln. Schließlich leben hier genug Rehe, eine standesgemäße Herausforderung für so einen stolzen Hund.

Übrigens kann man joggend sehr gut eine noch unbekannte Gegend erkunden. Ich jogge zum Beispiel gern in fremden Städten. Man kommt viel schneller voran als beim Spazierengehen, ist aber trotzdem langsam genug unterwegs, um die Umgebung genau zu scannen. Außerdem finde ich es spannend, andere Jogger und ihre ortsabhängigen Sitten zu erforschen. In Freiburg grüßen sich die Jogger zum Beispiel. Vertraulich, als würde man einer Geheimgesellschaft angehören oder zumindest dem Stamm der gesunden und sportlichen Menschen der Welt. Wenn ich in Berlin einen anderen Jogger grüßen würde, bekäme ich wahrscheinlich eine Salve Pfefferspray ins Gesicht. In Brooklyn an der Promenade des East Rivers wimmelt es nur so vor Joggern, sie sehen alle sehr hübsch aus in ihren hautengen und atmungsaktiven Sportklamotten. Allerdings joggen sie eigentlich nie, sondern spazieren mit Headset telefonierend am Fluss entlang. Sie sind trotzdem alle durchtrainiert und auffallend schlank.

Außer Natur gibt es bei meinen Läufen in Mecklenburg dagegen nichts zu sehen. Weizenfelder und Maisfelder und Rapsfelder. Dazwischen Windräder (ja, im Norden gehören Windräder auch zur Natur) und Rehe. Manchmal ein gelangweilter Raubvogel, der auf einem Pfahl sitzt, eine angenagte Feldmaus aus dem Schnabel hängend. Vielleicht noch die eine oder andere Katze, die auf einer Mauer schläft.

Heute entdeckte ich beim Joggen auf einem Feldweg immerhin erstaunlich riesige Brombeersträucher. Ich freute mich sehr, denn ich esse wirklich sehr gern Beeren. Alle Arten. Erd-, Heidel-, Stachel-, Him- und natürlich Brombeeren.

Selbstverständlich hielt ich an, um ein paar zu pflücken. Da durchzuckte mich eine alte tiefsitzende Angst, die sich auf ein Wort reduzieren lässt: Fuchsbandwurm. Bei den Wanderungen im Schwarzwald während meiner Kindheit hatte ich auch immer Brombeeren gepflückt, manchmal sogar Heidelbeeren, die im Süden einfach Blaubeeren heißen. Bis plötzlich dieses böse Wort auftauchte: Fuchsbandwurm. Horrorgeschichten kursierten unter uns Kindern. Ein riesiger Wurm würde in unserem Bauch wachsen und sich von uns ernähren. Wir müssten immer mehr essen, würden aber trotzdem dünner. Und dümmer. Bis sich irgendwann der Kopf des Wurms durch unsere Bauchdecke rammen und wir jämmerlich verenden würden. Ähnlich wie die Angst vor Brennnesseln lässt sich auch die schreckliche Vorstellung des Fuchsbandwurms nur schwer abschütteln.

Ich stand immer noch vor den schönen, großen Brombeeren. Was sollte ich tun? Ich überlegte, »Fuchsbandwurm in Mecklenburg-Vorpommern« zu googeln, aber ich hatte natürlich kein Netz. Also aß ich sie. Sie schmeckten natürlich sehr gut. Als endlich der Fluch gebrochen war, konnte ich gar nicht mehr aufhören. Ich pflückte und pflückte, aß und aß und brachte auch meiner Freundin noch ein paar Taschenvoll Brombeeren mit.

Die Brombeeren zu pflücken, therapierte mich auch in

einem ganz anderen Sinn. Im Garten wuchsen nämlich unsere eigenen Beeren, mit denen ich allerdings so meine Schwierigkeiten bekam. Ich hatte mich sehr gefreut, als wir im Frühjahr einige Himbeersträucher direkt neben dem Bungalow identifizieren konnten. Im Sommer würde ich meine eigenen Beeren ernten können. Das hatte mir sehr gute Laune gemacht.

Woher kommt dieser Trieb, seine eigene Nahrung selbst vom Strauch pflücken zu wollen? Ist ja auch gerade ein Trend. Noch das kleinste Dreieck Erde ohne Hundehaufen wird in den Städten zum Urban-Gardening-Projekt erklärt. Oder man fährt gleich raus aufs Land, um durch matschige Felder zu stapfen und Erdbeeren zu ernten. Eine Win-win-Situation für die Bauern: Sie müssen niemanden bezahlen, der ihnen die Beeren pflückt – und die Höhe der Summe, die man nach dem Ernten in eine kleine Box neben dem Feld wirft, bemessen die vom Selbstpflücken euphorisierten Städter sicher großzügig.

So einfach gestaltete sich das Beerenernten im eigenen Garten dann leider nicht.

Den Fuchsbandwurm-Fluch bekam ich dagegen recht schnell los. Ich hatte noch keinen einzigen Fuchs im Umfeld der Datsche gesehen. Himbeeren wachsen ja ohnehin ziemlich hoch über der Erde, die sind ungefährdet, von irgendwem angepinkelt zu werden. So wird ja der Fuchsbandwurm übertragen, hatte ich damals als Kind gelernt.

Doch dann kamen die Vögel.

Wir hatten im Garten noch andere Beeren gepflanzt, Erdbeeren und Stachelbeeren. Und die wuchsen wider Erwarten erstaunlich gut. Jedenfalls im Verhältnis zu den anspruchsvollen Blumen.

Dank der bösen Vögel konnte ich dann leider nur wenig

ernten. Weder von den alten Himbeersträuchern noch von neu gepflanzten Erdbeeren, die sich auch noch vor den Schnecken behaupten mussten. Die Vögel waren einfach schneller. Und nicht nur am Wochenende im Garten wie wir. Immerhin verschonten sie die Stachelbeeren. Dabei hatte ich mich im Frühling noch über Heinz lustig gemacht, der seine Beeren mit riesigen Netzen schützte. »Ein Beerenzwinger«, hatte ich zu meiner Freundin gesagt und arrogant gelacht. Ein anderer Nachbar verpackte seinen Kirschbaum wie der Künstler Christo einst den Reichstag gleich komplett. Im Sommer erfuhr ich den Grund: Riesige Schwärme von Staren zogen von Baum zu Baum. Wenn sie über uns flogen, hörte es sich an wie ein Sturmböe. Wäre so ein Hitchcock-Albtraum auf einem ungeschützten Kirschbaum gelandet, hätte er ihn wahrscheinlich innerhalb von Sekunden leergefressen.

Im Gartencenter kauften wir engmaschige Netze und legten sie über die restlichen Erdbeeren. Ein kleine Ernte immerhin. Zum Glück entdeckte ich dann beim Joggen die Brombeersträucher.

Vom Fuchsbandwurm blieb ich zum Glück verschont (jedenfalls bis jetzt). Die Brennnesseln hatte ich ebenfalls mit viel Theorie besiegt – doch eine dritte Kindheitsangst bekam, im wahrsten Sinne des Wortes, neue Nahrung: Eine Zecke hatte sich in meinen Oberschenkel verbissen. Das war wohl beim Joggen – beziehungsweise Beerenpflücken – passiert. Sie sah eklig aus, eine winzige Spinne. Ich entfernte sie fachgerecht. Ich bin eben doch ein Naturbursche.

Elton John im Gartencenter

Der kleine ältere Mann schüttelte den Kopf. Er trug eine Latzhose in Peter-Lustig-Optik, darunter freien gebräunten Oberkörper. Seine Arme waren erstaunlich durchtrainiert, der Bauch erstaunlich dick und rund. Ich kannte ihn vom Sehen, Schabratski hieß er, Heinz und er waren Feinde. Oder auch Freunde, so sicher war ich mir inzwischen nicht mehr. Ich hörte sie oft streiten, laut und irgendwie auch emotionslos. Es ging dabei um so wichtige Dinge wie Kieselsteine auf dem Weg zu den Datschen. Manchmal saßen sie aber auch am See und schauten schweigend auf das graugrüne Wasser und schienen wie Brüder oder zumindest wie Freunde, die sich schon ein halbes Jahrhundert kannten.

Schabratski schüttelte weiter stoisch seinen Kopf und sagte dabei immer wieder: »Nee, nee, nee. Das nich da druff.«

Er meinte meine Schubkarre, auf der sich Überreste von alten Gartenstühlen und Sonnenschirmen stapelten, die ich im Schuppen hinter dem Haus gefunden hatte. Vollkommen bescheuert, was die Vorbesitzer so alles gehortet hatten.

»Heinz meinte aber, das gehe.«

Schabratski schüttelte einfach weiter den Kopf und sagte: »Nee, nee, nee.«

Ich stöhnte auf. Wahrscheinlich würde ich mit Argumenten hier nicht weiterkommen. Ich hatte ja auch keine, außer: »Aber ich will!«

Also lud ich den Müll ins Auto und fuhr zum Recyclinghof in die »Stadt.« Er lag im Industriegebiet, das nur aus dem Küchencenter, dem Baumarkt für Profis und eben diesem Recyclinghof bestand. Ich konnte mir kaum einen frustrierenderen Ort auf der Welt vorstellen. Ein paar Container standen auf einer von der Sonne verbrannten Wiese, daneben saß ein Mann auf einem Klappstuhl. Er hatte eine Glatze und trug eine signalgelbe Müllmännerweste über nacktem Oberkörper – was auch sonst – und schien direkt aus den Neunzigerjahren von der Loveparade hierhergebeamt worden zu sein. Ich fühlte mich in meiner kurzen Hose und einem alten Leinenhemd total overdressed.

Aus dem kleinen Radio, das neben seinem Stuhl auf dem Boden stand, schallte allerdings ein Countryrock-Klassiker von Sheryl Crow, selbstverständlich auch ein Neunzigerjahre-Hit. »If it makes you happy, then why the hell are you so sad?«

Interessante Frage.

Der Recyclinghof-Chef erklärte mir freundlich und sehr ausführlich, welcher Müll in welchen Container musste, und half mir dann auch beim Schleppen.

»Sind Sie neu hier?«, fragte er dann.

»Ich habe eine Datsche gekauft, ein Dorf weiter.«

»Ach, da gibt's noch welche? Wo denn genau?«

Ich erklärte ihm, wo unser Grundstück lag.

»Schön, schön!«, sagte er, und ich begleitete ihn zurück zu seinem Klappstuhl. Daneben stand eine Kühltruhe, aus der er einen Energydrink entnahm.

»Vielen Dank, dass Sie Ihre Abfälle hierhergebracht

haben«, sagte er, als ich zahlte. »Viele Leute werfen ihren Müll einfach in den Wald. Aber das finde ich richtig schwul.«

»Was?« Nicht schon wieder!

»Nicht cool!«, rief er überdeutlich.

»Ach so, ich dachte schon schwul.«

»Tut mir leid, ich bin verheiratet.«

Ich starrte ihn an. »Äh, das meinte ich jetzt eigentlich gar nicht …«

»Und Sie haben keinen Haufen, auf den Sie das Zeugs werfen können?«, unterbrach er mich. »Und dann verbrennen?« Seine Augen blitzten plötzlich seltsam auf.

»Eigentlich schon«, sagte ich, »aber ALLES brennt ja dann doch nicht!«

»Na ja, ich finde schon«, rief er fröhlich und vielleicht auch ein wenig irr. Er exte seinen Energydrink und warf die leere Dose einfach in einen der Container. »Glauben Sie mir, es brennt echt viel.« Er trat einen Schritt auf mich zu und flüsterte mir ins Ohr, obwohl weit und breit keine Menschenseele zu sehen war: »Ich zündele ja manchmal ganz gern.« Ich wich einen Schritt zurück. »Hier ist ja nicht soooo viel los. Haben Sie vielleicht schon bemerkt.«

»Ja, habe ich«, sagte ich. »Finde ich eigentlich ganz entspannt.«

»Ich auch!«, rief der Recycler. »Kann man ungestört zündeln.«

Ich sah ihn erschrocken an. »Ähm, was zünden Sie denn so an?«

»Och, nichts Großes.« Er winkte ab. »Vielleicht mal einen Schuppen. Oder so einen Hochsitz. Die krachen dann immer so schön in sich zusammen.« Er lachte wieder.

Wie kam ich da bloß wieder raus? »Ist das nicht gefährlich? Gerade jetzt bei der Trockenheit.« Ich sah mich um. War die Wiese vielleicht gar nicht von der Sonne verbrannt?

»Ich pass schon auf!«, rief er jetzt wieder laut. »Hab immer 'nen Eimer Wasser dabei. Das wäre ja sonst nicht cool.«

»Gar nicht cool«, sagte ich.

»Manchmal zünde ich auch Datschenbungalows an...«

»Was?«

»Nur 'nen kleiner Scherz.« Aber dieses Mal lachte er gar nicht. Warum hatte ich ihm überhaupt von meiner Datsche erzählt?

»Ich muss dann mal«, sagte ich schnell. Ich stieg ins Auto und fuhr zurück in den Garten.

Am Abend fiel mir auf, dass es leicht verbrannt roch. Aber das war bestimmt nur ein Nachbar, der grillte.

»Riechst du das auch?«, fragte meine Freundin. »Riecht gar nicht wie Grill heute.«

Ich tat unschuldig. »Ich rieche gar nichts! Ganz normal. Hier zündelt bestimmt niemand an Datschen oder so rum.«

»Irgendwo muss es brennen.«

»Ach, das ist bestimmt nur Heinz, der ein paar Autoreifen verbrennt.«

Ich schlief dann noch schlechter als sonst.

Am nächsten Morgen nahm ich mir vor, erstmal nicht mehr zum Recyclinghof zu fahren. Kommt alles wieder auf den Haufen am See, Schabratski steht da ja nicht den ganzen Tag Wache. Oder vielleicht doch? Wir mussten ohnehin erstmal wieder zum »Amateur«-Baumarkt, um Spachtelmasse zu kaufen. Und Schimmelspray. Das war jetzt so mein Leben, ich pendle zwischen Recyclinghof und Baumarkt.

Meine Freundin freute sich allerdings auf den Baumarkt. Denn jeder halbwegs vernünftige Baumarkt verfügt über einen angeschlossenen Bereich für so genannten Gartenbedarf: das Gartencenter. Und meine Freundin liebt Gartencenter.

Dieser Bereich nimmt in etwa so viel Fläche ein wie der restliche Baumarkt. Die Deutschen lieben ihre Gärten. Im Gartencenter gibt es neben unzähligen Pflanzen unter anderem auch Regentonnen, Gartenschläuche, Komposthaufeneinfassungen, Schubkarren, Kinderplanschbecken und komplette Gartenhäuser sowie sehr viele Grills, manche so groß wie unsere Küchenzeile in Berlin. Die Deutschen zündeln eben auch gern, die meisten zum Glück gesittet, um ihr Fleisch zu grillen. Außerdem natürlich Gartenmöbel aus weißem, schon im Baumarkt vorvergilbtem Hartplastik.

Schnell kaufte ich Spachtelmasse und Schimmelspray. Meine Freundin hatte sich derweil schon ins Gartencenter verabschiedet. Wie immer wurde ich von Männern in Arbeitshosen und eckigen Arbeitsschuhen kritisch beäugt. Dabei hatte ich mir extra braune Turnschuhe besorgt. Ich kaufte auch noch wasserfeste Farbe zum Überstreichen. Eigentlich schimmelte in unserer Datsche nichts (denn das Dach war NICHT kaputt, lieber Heinz!), wir hatten jedoch im Frühjahr so viel Anti-Spinnen-Spray in die Ecken des Bungalows gesprüht, dass sich nun die Wände von der ganzen Feuchtigkeit verfärbten. Die Spinnen vertrieb das Spray leider nicht. Meine Freundin hatte es einmal sogar direkt auf ein sehr fettes Exemplar gesprüht, das seelenruhig an der Decke hockte. Die Spinne schien unbeeindruckt. Sie zog ihre acht Beinchen an und sah uns genervt an, bevor sie in ein kleines Loch am Rand der Decke verschwand. Dafür kaufte ich die Spachtelmasse. Es existierten immer noch zu viele Schlupfwinkel.

Als ich meine Freundin im Gartencenter traf, hatte sie schon den kompletten Einkaufswagen mit Blumen vollgestellt. Und diese rollenden Dinger sind in Baumärkten etwa doppelt so groß wie in herkömmlichen Supermärkten, damit man darauf auch mal eine Tür oder einen Family-Gas-Grill mit eingebautem Ferkel-Spieß transportieren kann.

»Das ist verrückt!«, rief ich aus, als ich den Einkaufswagen erblickte. »Das verdorrt doch wieder alles!«

»Ich muss eben ausprobieren, was bei uns im Garten wächst.«

»Es wächst nichts bei uns im Garten außer Giersch.«

»Ich will aber Blumen!«

Ich sah sehnsüchtig den Farbeimer in meiner Hand an. Ich hatte bei früheren Streichsessions herausgefunden, dass mich der Farbduft schön benebelte und plötzlich alle Probleme sehr unbedeutend wirkten. Dazu noch zwei bis sieben Bier, und ich entspannte mich vollends. Konnte ich hier im Baumarkt den Farbeimer öffnen und ein paar Atemzüge Farbduft schnüffeln?

Ich beherrschte mich und fragte meine Freundin, ob die Pflanzen, die sie kaufte, wenigstens mehrjährig wären.

»Ja«, antwortete sie nur.

Ich wusste, dass sie log. Die meisten Pflanzen, die im Gartencenter feilgeboten werden, überleben den Winter in Mecklenburg-Vorpommern nicht. Damit man im nächsten Jahr schön wiederkommt und die gleichen Blumen nochmal kauft. Vollkommen sinnlos! So arbeitet die Natur doch auch nicht. Eine Pflanze, die nur einen Sommer hält, auf so etwas kommen nur Menschen. Diese Theorie hatte ich meiner Freundin schon mehrfach präsentiert, sodass sie jetzt immer behauptet, die Blumen, die sie erwirbt, seien mehrjährig beziehungsweise »winterhart«, wie es sehr plastisch auch genannt wird. Ich kann das nicht so schnell verifizieren, da ich wirklich gar nichts von Botanik verstehe und nicht einmal weiß, wie all diese Gewächse heißen. Natürlich finde ich sie schön, aber ich finde auch romantische Komödien mit Hugh Grant schön. Manchmal muss ich dabei sogar weinen. Das bedeutet allerdings nicht, dass ich mich mit Hugh Grant beschäftigen möchte. Für mich existieren drei Arten von Blumen: erstens Blumen im Garten, die heißen alle Rosen. Dann Blumen, die ich in mein Zimmer stellen würde – also, nicht ich, aber manche Leute tun das –, die heißen Palmen, und man kauft sie bei Ikea, und sie sehen aus wie Plastikmöbel. Dazu gehören auch Kakteen. Außerdem gibt es noch Schnittblumen. Die heißen bei mir grundsätzlich Tulpen.

Immer wieder neue Pflanzen für den Garten zu kaufen gleicht dem Prinzip von Schnittblumen. Man pflanzt sie eben kurz ein, statt sie für ein paar Tage in eine Vase zu stellen. Der Anblick von Schnittblumen hat mich früher schon melancholisch gemacht. Nach ein paar Tagen lassen sie die Köpfe hängen, und ihre Farbenpracht verblasst wie alte Familienfotos.

Ich setzte mich auf den Farbeimer und beobachtete meine Freundin, wie sie immer mehr bunte Blumen in den Wagen lud. In mir stieg das inzwischen schon allzu bekannte Gefühl der allgemeinen Verzweiflung hoch. Vermischt mit Wut. Wut auf meine Freundin, weil sie seelenruhig ein Vermögen für dem schnellen Tod geweihte

Blumen ausgab. Wut auf mich, dass ich mich über so etwas aufregte – und Wut, weil ich hier in einem frustrierenden Baumarkt saß, statt zu schreiben oder zu lesen. Oder zu schlafen. Alles wäre besser, als im Baumarkt Farbe und Blumen zu kaufen und danach zur Datsche zu fahren und den ganzen Tag mit Heimwerken und Gärtnern zu verbringen. Was hatte ich mir bloß dabei gedacht? Ich mag Natur und Gärten. Ich sehe sie mir gern an. Das reicht mir. Ich muss mich nicht in Erde wälzen oder den Hammer schwingen, um endlich wieder mal was mit den Händen zu machen, weil mich mein Bullshit-Job vor dem Computer so von der vermeintlich wahren Welt entfremdet hatte. Ich finde meinen Job okay. Ich schreibe meistens ganz gern. Beim Schreiben fühle ich mich so bei mir selbst wie bei sonst nichts. Außer vielleicht beim Schlafen. Beim Handwerken und Gärtnern fühle ich mich dagegen fremd. Entfremdet. Ich sehe lächerlich aus in einer Arbeitshose und kann nur schlecht in Arbeitsschuhen laufen. Deswegen starren auch alle immer so. Ich passe weder in den Baumarkt noch in den Garten. Bin ich vielleicht doch ein Stadtmensch wie Lucas?

Warum hatte ich mir also eine Datsche zugelegt?

Hier im Gartencenter, an einem heißen Samstagvormittag, schien mir nichts bescheuerter und unnötiger.

Dann kam plötzlich Elton John.

Also, er kam natürlich nicht ins Gartencenter spaziert, sondern der Radiosender, der über die Boxen des Baumarkts lief, spielte den Song *Tiny Dancer* von Elton John. Immerhin mal nicht 90er.

Elton John besserte meine Laune augenblicklich. Seltsamerweise ist *Tiny Dancer* zu unserem Gartensoundtrack geworden. Wir hören es immer, wenn wir von der Autobahn auf die Landstraße einbiegen und uns der Datsche nähern. Irgendwie passt es perfekt zu den mattgelben Feldern, den Alleen, den einstöckigen Häusern der winzigen Dörfer, zu den Windrädern am Horizont. Natürlich ist es ein perfektes Autofahrlied. Man denkt dabei nur eher an kalifornische Highways als an Mecklenburger Landstraßen. Wahrscheinlich macht genau das ein gutes Lied aus: Es ergibt in sehr vielen Situationen für völlig unterschiedliche Menschen Sinn.

Ich hatte mir im Internet eine Best-of-Doppel-CD von Elton John bestellt. Für einen Cent plus Versandkosten. Ein Relikt aus einer anderen Zeit: CDs. Auch viele andere Lieder von Elton John passen gut zu den Mecklenburger Feldern und Seen. *Rocket Man* natürlich. Und *Yellow Brick Road*. Aber vor allem *Tiny Dancer*. Alles fühlt sich auf einmal viel glamouröser an, wenn die ersten Klavierakkorde dieses Songs aus den Autolautsprechern ertönen.

Jetzt im Gartencenter rettete mich Elton John. Er holte mich aus meinem Tief. Ich fing sogar an, meiner Freundin zu helfen, noch mehr einjährige Blumen in den Einkaufswagen zu laden. Wahrscheinlich war alles nicht so schlimm. Ich würde nachher, wenn wir im Garten ankamen, erstmal ein paar Runden im See schwimmen und mich dann auf dem Liegestuhl langsam von der Sonne trocknen lassen. Ich würde lesen und vielleicht sogar ein wenig schreiben.

Zurück im Garten roch es dann zum Glück nicht mehr verbrannt.

Tiere 6: Eule

Wir saßen nach einem Tag voller Arbeit auf unserem Holzdeck in der Dämmerung und genossen die Stille. Stille
im Sinne von: keine menschengemachten Geräusche. Bei
Einbruch der Dunkelheit hörten wir plötzlich einen seltsamen Schrei aus Richtung der Eiche. Es klang irgendwie
wie ein Mensch, der sehr laut das Geräusch einer Katze
nachmacht, der man aus Versehen auf den Schwanz tritt.
Oder vielleicht auch wie dieser riesige Vogel im Pixar-Film
Oben.

Dann sahen wir sie. Nach einem weiteren markerschüt-
ternden Schrei flog sie relativ tief über unseren Garten
zum See. Eine Eule.

Ich hatte mir immer vorgestellt, Eulen würden »uhu«
machen. Auch so Fake News aus der Kindheit. Das mit
den Tiergeräuschen wurde einem als Kind von Anfang an
falsch erklärt: »Ein Hund macht wau, kleiner Sebastian«,
sagten sie. »Und ein Hund macht wuff.« Nein, falsch, so
klingt kein einziger bellender Hund. Meine fette Katze
miaut auch nicht, sondern beherrscht eine ganze Palette
von nervigen Geräuschen, die allerdings nur zwei Dinge
bedeuten: »Gib Essen« und »Gib Hand, damit du mich
streicheln kannst«. Nur bei Kühen und Schafen haut es
halbwegs hin.

Wir doofen Menschen haben Uhus sogar nach ihrem angeblichen Ruf benannt. Die Eule in unserem Garten war allerdings zu klein für einen Uhu. Sie beeindruckte uns trotzdem. Wir hörten sie auch am folgenden Abend und ab da immer wieder. Manchmal unterhielt sie sich mit einer Artgenossin im Nachbargarten, manchmal flogen sie sogar hintereinander über unseren Bungalow hinweg. Erstaunlich groß und irgendwie nicht so richtig vogelartig mit ihrem breiten Körper, dem massiven Kopf mit den kleinen Öhrchen. Als gehörten sie einer ganz eigenen Tiergattung an.

Seit einigen Jahren gilt die Eule als Hipster-Tier schlechthin. Pullover und T-Shirts werden mit Eulen bedruckt, Studentinnen tragen sie als Ketten um den Hals, sie prangen auf Taschen und Stoffbeuteln. In Tokio kann man sogar in Cafés zusammen mit Eulen Kaffee trinken. Die verstörten angeketteten Tiere werden schon am Eingang von netten Mädchen potenziellen Besuchern vorgeführt.

Warum mögen junge urbane Stadtmenschen so gern Eulen? Wahrscheinlich, weil sie die Katzen der Lüfte sind: niedlich, aber böse. Wie Katzen sind sie eigentlich gefährliche Raubtiere. Im Zoo habe ich einmal einen ziemlich riesigen Uhu beobachtet, der mit seinen Krallen eine Maus zerriss und dann Stück für Stück runterschluckte. Das sah nicht mehr so niedlich aus. Wie Katzen, die mit halbtoten Vogelbabys spielen. Unsere fette Katze verlässt zum Glück nicht die Wohnung, sie kann keine halbtoten Tiere vor unsere Zimmertür legen. Als Geschenk: »Schau, hab ich dir gefangen«, sagen die fiesen Augen von freilaufenden Katzen dann. Dabei schnurren sie glücklich.

Eulen essen auch gern Vogelküken. Und Frösche und

kleine Mäuschen. Bestimmt auch mal ein Waschbärbaby. Das mögen wir Menschen: dieses Niedliche, auch Lustige, das plötzlich in etwas Wildes umschlägt. So sind wir schließlich auch. Gerade noch ein kleines unschuldiges Kind, das mit einem Teddybären spielt, im nächsten Moment wird schon das Geschwisterlein von der Schaukel geschupst. Und dann ist es auch nicht mehr weit bis Donald Trump.

Einmal sah ich auch auf einer Straßenlaterne an der Dorfstraße eine Eule sitzen. Igor und ich waren mit dem Auto auf dem Nachhauseweg nach Berlin, hatten den Tag über am Bungalow weitergebaut. Majestätisch, niedlich, aber auch etwas unheimlich, saß sie dort. Ich vermute, es handelte sich um eine der recht weit verbreiteten Schleiereulen. Sofort hielten wir an und riefen aufgeregt: »Foto« und »Instagram«. Doch als wir die Autotüren vorsichtig öffneten, flatterte die Eule davon. Sie haben es gern ruhig, die Eulen – so wie wir ja auch. Sie wollen nicht gestört werden, bevorzugen die Nacht und die einsamen, hohen Baumwipfel, auf denen man sie dank ihrem tarnenden Gefieder kaum erkennt.

Als wir gerade wieder ins Auto stiegen, hörten wir sie dann nochmal rufen. Leicht schrill, aber irgendwie klang es doch wie »uhu, uhu«. Vielleicht war unsere Eule im Garten einfach nur heiser.

Chillen

Ich war so müde, dass ich kaum meine Augen offen halten konnte. Ich saß auf einem Liegestuhl im Garten. Das klingt komisch. »Liegestuhl« passt ohnehin nicht für diese hübschen Designer-Konstruktionen, die wir für den Garten gekauft hatten, man »liegt« nicht in ihnen. Aber »sitzen« ist auch nicht richtig. Vielleicht: »lehnen«? Oder »chillen«? »Chillen« ist allerdings eher eine Geisteshaltung. Man macht entspannt nichts oder zumindest wenig, gern auch in Verbindung mit Rauschmitteln. In den Neunzigern wurde noch viel »gechillt«.

Ich lehnte jedoch nicht entspannt in meinem »Liegestuhl«, sondern war einfach erschöpft, kaputt, geschafft. Körperlich und geistig. Drei Stunden »normale Verkehrslage« und sogar für die Verhältnisse des nervösen Elektrikers frühes Aufstehen hatten mich müde gemacht. Ich musste auch arbeiten, die Auftritte mit meinem neuen Programm rückten näher. Und ganz akut musste ich zum Baumarkt: Farbe kaufen, um die Rückseite des Bungalows zu streichen.

Ich schloss meine Augen. Meine Ohren surrten. Mir kam wieder der SUV in den Sinn, der vorhin auf der Landstraße so weit aufgefahren war, dass ich das erstaunlich emotionslose Gesicht des Fahrers genau im Rückspiegel hatte betrachten können. Warum musste er so rasen? Wurde er wirklich verfolgt? Er verfolgte zumindest mich. Und ich fuhr schon zehn Stundenkilometer zu schnell. Sicher hatte er persönlich gar nichts gegen mich, höchstens gegen meine runtergekommene Schrottkarre mit dem Berliner Kennzeichen. Er wollte nur 180 fahren – und konnte das nicht, weil ich Schnarchnase die Straße blockierte und beständig Autos entgegenkamen, sodass er mit dem Überholen warten musste.

In diesem Moment war mir plötzlich alles egal. Ich war einfach nur noch wütend.

Und trat auf die Bremse.

Der SUV-Fahrer schaffte es gerade noch zu bremsen, ohne mich zu rammen, und hupte wie verrückt. Im Rückspiegel sah ich ihn wild gestikulieren.

»Bist du verrückt geworden?«, rief meine Freundin.

»Es wäre seine Schuld gewesen«, sagte ich nur kühl.

»Das hätte uns ja viel gebracht, wenn wir tot wären«, sagte meine Freundin, schüttelte den Kopf und fragte nochmal: »Bist du verrückt geworden?«

Ja, wahrscheinlich schon. Jedenfalls in diesem kurzen Moment

Es war einfach alles zu viel.

Nichts funktionierte, wie es funktionieren sollte. Der schiefe Boden im Bungalow, die stinkende Grube, die Handwerker, die alles neu machen mussten, die Blumen, die verdorrten, der Giersch, der sich ungehindert ausbreitete. Langsam ging auch das Geld aus. Falls doch etwas funktionierte, dann war es mit so viel Stress verbunden, dass es mich trotzdem total mitnahm. Wenn ich eins im Garten nicht konnte, dann chillen. Aber dafür hatten wir ihn uns doch zugelegt. Nächstes Jahr würde alles besser werden, sagte ich mir immer wieder. Und meine Freundin sagte es auch sehr oft. Sie und mein – leider gerade selten aktives – vernünftiges Gehirn hatten natürlich recht. Nur das brachte mir jetzt, diesen Sommer, nichts.

Ich sah zu meiner Freundin, die auf der Erde kniete, am Rande des Blumenbeetes. Hin und wieder warf sie eine Nacktschnecke über die Hecke, die sie vorher von einem zerfressenen Salatblatt geklaubt hatte. Immerhin waren es nicht mehr viele. Schnecken. Und Pflanzen, die überlebt hatten. Zwei Dinge, die wir unbedingt hatten anschaffen müssen, standen jetzt in unmittelbarer Nähe des Beets. Gleich fühlte ich mich etwas wacher, aber nur weil die Wut wieder in mir hochstieg.

Hatten wir wirklich diese Baumbank gebraucht, die sich jetzt um unsere Eiche wand? Sie war riesig und schief, weil der Untergrund aus Wurzeln und Steinen bestand. Einen Tag hatte es mich gekostet, die Baumbank zusammenzubauen und die Erde um die Eiche halbwegs einzuebnen. Außerdem kackten die Vögel, die auf den Ästen darüber saßen, ständig auf die Sitzfläche. Meine Freundin hatte schon im April ständig von dieser romantischen Baumbank gesprochen, und ich musste zugeben, sie sah gut aus und gemütlich. Doch war diese Bank wirklich so wichtig, dass man sie im ersten Gartenjahr unbedingt aufstellen musste?

Nicht unweit der Baumbank stand das Hochbeet. Ein Hochbeet ist so etwas wie ein Hoch*bett* für Pflanzen. Eine etwa ein Meter hohe Holzkonstruktion, darauf das Blumenbeet. Unter der Matratze aus Erde kann man Kompost lagern. Mir ist völlig unklar, warum wir das brauchen. Wir haben einen normalen Komposthaufen auf der Rückseite des Bungalows angelegt. Ich musste das erstaunlich schwere Hochbeet genauso wie die noch schwerere Baumbank vom Baumarkt anschleppen und zusammenzimmern.

Natürlich hatte ich auch den leichten Ausdruck meines Unmuts nicht verkneifen können: »Warum brauchen wir so einen verfickten Scheiß?«, hatte ich meine Freundin gefragt.

Ich kann ihre längere Antwort auf einen Satz reduzieren: »Weil ich es will.«

Wir mussten aufpassen. Aufpassen, dass wir nicht vergaßen, dass wir ein Team waren. Dass wir diese Datsche zusammen gewollt hatten.

Nach dem Bodendesaster hatte meine Freundin zu mir gesagt, dass ich oft nur das Negative sah, mich eigentlich nie richtig freuen konnte. Wenn etwas schön war, nähme ich das einfach nur hin. Ganz im Gegensatz zu den Misserfolgen und Nervigkeiten, die mich wütend machten und deprimierten.

Darüber musste ich nachdenken. Ich spazierte um den See. Den sehr schönen See. Die Sonne schien. Mich nervten die Mähdrescher auf den Feldern, ihr monotones Brummen, das die ländliche Stille durchbrach. Die Mücken machten mich verrückt. Meine Laune wurde schlechter und schlechter, als die Abendsonne den Himmel lila färbte, die Vögel ihr Lied sangen und ein lauer Wind langsam die Hitze des Tages vertrieb.

Nachdem ich den See zweimal umrundet hatte, es dämmerte bereits, dämmerte mir auch etwas: Meine Freundin hatte recht. »Nenn mir drei Dinge, die dir wirklich Spaß machen?«, hatte sie gefragt.

Ich musste lange nachdenken. Zu lange.

»Schlafen?«

Sie hatte aber etwas Außergewöhnliches gemeint, etwas,

das mich Sorgen vergessen und mich glücklich im Moment leben ließ.

Was macht anderen Leuten Spaß? Singen? Tanzen? Schnell Auto fahren? Mit dem Kind spielen? Ein Bungee-Sprung? Rasen mähen? Party machen? Bäume fällen? Heimwerken? Gärtnern?

Wahrscheinlich bin ich wirklich ein negativer Mensch, dachte ich, als ich wieder unseren Garten betrat. Ich sah nach oben in das Blau, leicht gerötet von der Abenddämmerung, ein Flugzeug, das den Himmel gemächlich durchzog, es verfolgte niemanden, wurde von niemandem verfolgt. Die Mähdrescher waren auf einmal, wie auf ein unsichtbares Kommando hin, allesamt verstummt. Die Eule rief so etwas Ähnliches wie uhu. Ich konnte den Wind in den Blättern hören. Seltsam, mir war noch nie aufgefallen, dass es hier nie Glockengeläut gab, die kleine Dorfkirche mit dem schiefen Turm schien schon lange nicht mehr in Betrieb – oder wie das bei Kirchen heißt.

Es war immer noch so warm, dass wir in unseren T-Shirts und kurzen Hosen nicht froren.

Meine Freundin hatte Abendessen gemacht, auf dem Holzdeck standen Stühle und unser kleiner Tisch. Sie hatte Wildblumen gepflückt und in eine Vase gestellt. Eine Lichterkette hing an unserem Bungalow, gerade zündete sie ein paar Kerzen an.

Das hatte ihr Spaß gemacht.

Und mir machte es Spaß, ihr dabei zuzusehen. Einzutauchen in ihre gute Laune.

Ich musste wieder an die Stoiker denken: Rege dich nicht über Sachen auf, die du eh nicht ändern kannst.

Ich kann nicht ändern, dass im Spätsommer Mähdrescher die Felder abernten.

Ich kann nicht ändern, dass es an einem See sehr viele Mücken gibt.

Ich kann nicht ändern, dass Idioten zu schnell Auto fahren.

Ich kann nicht ändern, dass andere Menschen andere Dinge wichtiger finden als ich. Zum Beispiel Baumbänke und Hochbeete.

»Chill mal!«, sagten wir früher in der Schule, wenn einer sich aufregte. Lass dich nicht so schnell aus der Ruhe bringen! Hier, nimm einen Joint und hör dir das eine Lied von Sheryl Crow an: »If it makes you happy, then why the hell are you so sad?«

Vielleicht sollte Chillen meine vorherrschende Geisteshaltung werden. Ohne die Drogen. Oder zumindest ohne zu viele Drogen. Ich musste mich bemühen, dachte ich, als ich mich auf das Holzdeck setzte und zum See blickte, der jetzt nur noch eine dunkelblaue, fast schwarze Fläche war. Das würde bestimmt nicht immer klappen, ich würde oft nicht chillen können – und doch sollte es immer mein Ziel bleiben.

Das hat mich der Garten gelehrt, keine große, originelle Einsicht, trotzdem ist es verdammt schwer, zumindest für mich: Im Garten geht die ganze Zeit was schief. Genauso wie im Leben. Das ist nervig, anstrengend und manchmal sogar ziemlich schlimm.

Aber irgendwie würde es schon gehen. Immerhin bin ich nicht allein.

Probleme

Ich lag mal wieder nachts wach und dachte über die Datsche nach. Ich versuchte, mich zu beruhigen, mich in den Chill-Modus zu versetzen, was natürlich gerade dann nicht klappt, wenn man es hartnäckig versucht. Chillen kann man nicht erzwingen. Genauso wie Schlaf. Je intensiver ich über den leider nicht kommenden Schlaf nachdenke, desto wacher werde ich. Trotzdem ärgere ich mich in durchwachten Nächten stundenlang darüber, den ganzen nächsten Tag müde durch die Gegend zu wanken, wenn ich nicht jetzt sofort einschlafe. Und schon werde ich noch wacher. Manche Probleme werden größer, je mehr man über sie nachdenkt.

Mein Schlafbedürfnis verteilt sich ohnehin sehr suboptimal. Ich bin meistens den ganzen Tag über sehr müde. Und wenn ich ins Bett gehen soll, werde ich so richtig aktiv, fange an, das Bad zu putzen oder einen neuen Roman zu schreiben. Dann ist es plötzlich halb drei nachts, und ich habe gerade angefangen, endlich mal das Besteckfach in der Küche zu säubern – warum sammeln sich unter den Messern und Gabeln eigentlich so viele Krümel an, die kommen doch immer frisch gespült da rein? Auch so ein Problem, das man besser ignoriert.

Ständig wird in allen Ratgebern erzählt, dass man –

etwa in Beziehungen oder in der Familie – Probleme ansprechen sollte und nicht verdrängen, dachte ich hellwach im Bett liegend. So ein angesprochenes Problem kann sich jedoch zu einem Monster-Problem entwickeln, dessen Bekämpfung völlig unmöglich erscheint. Dabei lebt es sich manchmal ziemlich gut mit einem Elefanten im Raum. Elefanten sind schließlich niedlich. Nichts hilft es beispielsweise, wenn man anspricht, dass der eigene Partner einen für dumm hält und nur noch aus Mitleid mit einem zusammen ist – und man dann zur Antwort bekommt: »Nein, mein Schatz, duzidu. Du bist total intelligent. Ich würde dich nie verlassen, mein armer Kleiner.«

Am nächsten Morgen saß ich mit meiner Freundin am Küchentisch. Die Sonne schien durchs Fenster. Sie wirkte schon irgendwie herbstlich, nicht mehr so grell und unerbittlich wie im Hochsommer.

Ich war zwar irgendwann eingeschlafen, aber jetzt trotzdem todmüde. Gerade hatte ich nochmal das Besteckfach gesäubert – wenn man damit einmal angefangen hatte, konnte man einfach nicht mehr aufhören. Draußen presslufthämmerte es monoton. Hin und wieder drang ein Schrei der Bauarbeiter auf dem Gerüst zu uns in die Wohnung.

Plötzlich sagte ich: »Wir werden dieses Jahr mit der Datsche nicht fertig.«

»Ich weiß«, antwortete meine Freundin.

Ich ließ ein Messer fallen. Ein riesiger gelber Kran wehte vor dem Fenster an unserem Haus vorbei.

Der Boden würde nicht verlegt, und der zweite Raum würde nicht gestrichen sein. Der Garten würde noch verwildert sein. Und so weiter. Vielleicht fällen wir noch die Tanne. Aber mehr nicht. Wir hatten viel geschafft in den letzten Monaten, und wir hatten die Illusion bewahrt, dieses Jahr unseren Bungalow perfekt renoviert zu haben. Wir konnten zwar darin übernachten, aber es fühlte sich eher an wie campen.

Plötzlich schien das Problem gewachsen zu sein. Ich hatte den Bann gebrochen. Für einen Moment fühlte ich mich wie erschlagen.

Dann wurde es besser.

Schließlich muss das alles ja nicht sein. Es ist nur eine Gartenlaube. Nicht unsere Wohnung. Wir müssen uns nicht unnötig beeilen.

»Wir haben viel geschafft«, sagte meine Freundin. Ohne einschränkendes »aber«.

Manchmal scheint es vielleicht doch nicht so schlecht, ein Problem auszusprechen.

Allerdings gab es seit einigen Tagen ein neues Problem. Der Strom im Bungalow funktionierte nicht mehr. Zuerst hatte ich den elektrisierten Elektriker im Verdacht gehabt, irgendwelche Leitungen falsch verlegt zu haben, doch auch bei Clara und David kam kein Saft mehr aus der Steckdose. Bei den anderen Nachbarn ebenfalls nicht. Heinz hatte sofort einen riesigen Dieselgenerator hinter seinen Bungalow gestellt, der jetzt laut und rauchig wie eine alte Dampflok seinen Kühlschrank mit Strom versorgte. Ein Anruf beim Amt schaffte Klarheit: Die gesamte Stromversorgung der Datschensiedlung war gekappt worden. Der Strom für unsere Bungalows kam aus einem Haus im Dorf, das leer stand und jetzt verkauft werden sollte. Deswegen hatte das zuständige Amt den Strom abgedreht. Das »deswegen« verstand ich nicht so richtig, da das Haus wohl schon länger unbewohnt gewesen war. Doch anscheinend hätte man sich schon früher um neue Stromquellen kümmern sol-

205

len. Jedenfalls sagte das das Amt. Und das Amt hat immer recht. Das Amt ist im Prinzip wie meine Mutter.

Ich dachte wieder an Franz Kafka. Dieses Mal an seinen anderen Roman *Der Prozess*. Josef K., die Hauptfigur, wird zu Beginn des Romans verhaftet. Warum und weshalb weiß er nicht, aber nun ist es eben so. Die Bürokratie, die die Anklage produziert hat, scheint sich zwar ihrer Autorität sicher, funktioniert aber nicht nach eindeutigen und nachvollziehbaren Maßstäben. Hauptsache, sie funktioniert. Spoileralarm: Es geht schlecht aus.

Unser Urteil lautete: kein Strom. Die Binsenweisheit, dass man erst merkt, was man hat, wenn es fehlt, bewahrheitete sich: Nichts ging ohne Strom. Ein wunderschöner und erstaunlich warmer Herbst kündigte sich an, doch wir konnten nicht weiterarbeiten. Vielleicht auch nicht nur schlecht: Immerhin waren wir nun gezwungen, erstmal innezuhalten und etwas durchzuatmen.

Trotzdem wurden neue Stromleitungen verlegt. Alles klappte. Meine Freundin hatte sich darum gekümmert und sich mutig in den Kampf mit dem Amt geworfen. Noch bevor jedoch der Strom wieder angestellt wurde, erreichte uns ein Beschwerdeschreiben der kafkaesken Bürokratie: Eine gemeindeeigene Hecke sei beim Verlegen der Leitungen beschädigt worden. Die müsse sofort wieder »nachhaltig« neu gepflanzt werden, so das Amt.

Eine Hecke in Mecklenburg-Vorpommern war geschändet worden. Für so einen unnötigen Luxus wie einen Stromanschluss. Kein Wunder, dass dieses Bundesland den Anschluss verliert. Ein arroganter Wessi-Gedanke, schon klar. Bürokratie ist schließlich überall schlimm. Trotzdem braucht der Staat seine Bürokratie. Weil sie Regeln setzt, die für alle gelten, auch für die Reichen und Nicht-Chiller wie mich. So geht die Theorie. Doch Mecklenburg-Vorpommern scheint gar nicht so recht zu wollen, dass man es gentrifiziert. Vielleicht wollen sie ja, dass es leer bleibt. Verstehe ich sogar. Ich will schließlich auch nicht, dass jede Brache in Berlin gefüllt wird.

Und wieder ein Problem, das ich lieber ignorieren sollte, als die ganze Zeit darüber nachzudenken. Ich hatte schon dreimal von der Hecke geträumt und eine Nacht wegen ihr wach gelegen. Obwohl ich Schäfchen gezählt hatte, die über die beschädigte Hecke sprangen.

Statt weiter über all die Probleme nachzudenken und sie in meinem Kopf monströs aufzublasen, hörte ich Elton John, *Tiny Dancer*. Plötzlich schien alles nicht mehr schwarz, sondern eher so lila, mit einem Einschlag in orangenes Sonnenuntergangslicht. »Lay me down in sheets of linen / You had a busy day today."

Am Ende wurde eine neue Hecke gepflanzt. Sie sah aus wie die alte. Nur schöner.

Tiere 7: Schmetterlinge

Im Frühjahr hatte meine Freundin einen Schmetterlings-flieder eingepflanzt. Zum Glück konnte man den schon blühend im Gartencenter kaufen. Außerdem schienen die Dinger sehr robust, der Flieder wuchs wie verrückt. Diese Gewächse waren mir früher gar nicht aufgefallen, doch nun entdeckte ich sie zum Beispiel an den Rändern von Bahngleisen, wo der Wildwuchs wucherte. Überhaupt schärft der Garten meine Wahrnehmung der Natur. Im Tiergarten in Berlin wachsen zum Beispiel ebenfalls die großen, fast tropischen Unkraut-Bäume.

Im Sommer umschwirrten dann, wie es sich gehört, dutzende Schmetterlinge die dunkellila Blüten des Schmetterlingsflieders. Sie tranken mit ihren dünnen Rüsseln aus den Blütenkelchen. Es kamen kleine Kohlweißlinge, Pfauenaugen und Admirale. Ich wusste gar nicht, dass die so heißen, aber meine Freundin klärte mich auf. Ich nannte sie allerdings meistens aus Versehen General. Das ist ja wohl ein sehr schöner Schmetterlingsname – und passend für diesen erstaunlich großen und stolzen Falter.

Wenn ich auf unserem Holzdeck nur wenige Meter vom Schmetterlingsflieder entfernt saß, ließen sich Generäle gern auf meiner Mütze oder auf meinem Hemd nieder. Sie mochten besonders meine weißen Turnschuhe. Meistens brauchten sie ein paar Sekunden, bis sie merkten, dass ich keine Blume war.

Eigentlich müsste man sich ja vor Schmetterlingen ekeln. Einen großen Nachtfalter, der es sich auf meinem nackten Knie bequem macht, vertreibe ich schnell. Bei einem General halte ich still und lasse mich von meiner Freundin fotografieren. Dabei sind Schmetterlinge genauso »widerliche Insekten«, wie Kevin Kline in *Ein Fisch namens Wanda* sagt (er meint damit allerdings Fische). Doch wir Menschen finden sie schön und niedlich. Pseudonaturforscher mit seltsamen Hüten fangen sie sogar mit ihren Schmetterlingsnetzen ein und kleben sie in Alben wie Briefmarken. Ich hoffe, dieses Hobby ist inzwischen ausgestorben.

Natürlich faszinieren Schmetterlinge uns Menschen wegen ihrer ungewöhnlichen und farbenfrohen Flügelmuster. Der Schriftsteller Karl Ove Knausgård fühlt sich in einem kurzen Text in seinem Buch *Im Sommer* sogar von den vermeintlichen Augen eines Pfauenauges beobachtet. Er fragt sich, wie dieses erstaunliche »Auge« zustande kam. Niemand hatte es erdacht, es existiert kein Wille, der die »Bewegung von einem Flügel ohne Auge zu einem Flügel mit Auge«[24] ausgelöst hatte. Natürliche Auslese, sagt die Wissenschaft. Für Knausgård ist es die Zeit, die so etwas wie ein »Auge« auf einem Schmetterling ermöglicht: »…ihre Tiefe ist so gewaltig, dass jedes Ereignis all seine Konsequenzen entfalten kann, ganz gleich, wie klein und unansehnlich diese auch sein mögen, und in alle denkbaren Richtungen gehend.«[25]

Schmetterlinge sind zu schön, um sie wie andere Insekten eklig oder wenigstens lästig zu finden. Ein schmaler Grat: Vor den grauen Nachtfaltern mit ihren papierenen Flügeln ekeln wir uns, Schmetterlinge sammeln wir. Für gelbe Wespen bauen wir Todesfallen, für orangefarbene Bienen errichten wir Biotope, in denen sie sich ungestört vermehren können. Mistkäfer finden wir monströs, Marienkäfer bringen uns Glück.

Wir Menschen sind schon ziemlich einfältig: Was wir schön finden, bewundern wir, egal, ob es uns bedroht. Von einem weißen Tiger würden wir uns ohne Umstände auffressen lassen, aber nicht von einem krustigen Krokodil. Na ja, das ist vielleicht etwas übertrieben. Andersherum funktioniert der Vergleich allerdings schon: Hässliche schwarze Käfer töten wir ohne schlechtes Gewissen, doch jemand, der einfach so einen Marienkäfer erschlägt, kann nur ein böser Mensch sein. Der Unterschied: drei schwarze Punkte auf rotem Untergrund.

Jedoch kommt es auf die Proportionen an. Knausgård schreibt im gleichen Buch auch über ein seltsames Erlebnis mit Marienkäfern am schwedischen Strand. In der Luft schwirren riesige dunkle Schwärme, hunderttausende Marienkäfer, überall. Beim Anblick der Schwärme erfasst Knausgård eine große Unruhe, »denn als ich auf dem grünen, leuchtenden Gras stand und auf den blauen, sonnenglitzernden Sund hinausblickte, über den sich mächtig die Öresundbrücke wölbte, begriff ich, dass die Welt eines Tages untergehen würde, an einem genauso schönen und normalen Tag wie diesem.«[26]

Gefallene Blätter

An einem schönen und normalen Tag spazierte ich durch den Tiergarten. Vielleicht ist der Herbst meine Lieblingsjahreszeit, weil er so schön widersprüchlich daherkommt. Einerseits verfärben sich die Blätter an den Bäumen schon rostbraunrot, und es wird abends schnell richtig kühl, trotzdem brennt an manchen Tagen die Sonne mittags noch wie im Hochsommer.

Der Park bot ein paradoxes Bild: Gefallene Blätter bedeckten die Wiesen, Wege und Bänke, dazwischen flanierten die Berliner in kurzen Hosen und ... äh: ohne Hosen. Im Tiergarten halten einige Parkbesucher immer noch die FFK-Fahne hoch. Die FKK-Fahne ist übrigens ein Feinripp-Unterhemd, aufgehängt an einem Ast.

Ich musste an das Herbstlied *Fallende Blätter* denken. Ein Song der Berliner Altherren-Band Element of Crime um den Sänger und Autor Sven Regener, der mal ein Buch über mich geschrieben hatte:

»Fallende Blätter spielen im Wind, wirbeln hier rum und fallen irgendwo hin. Fallende Blätter wollen nichts mehr, ich dachte wirklich, dass es diesmal für immer wär.«

Ja, der Herbst konnte, zumindest wenn wie jetzt die Sonne schien und die rotbraunen und mattgelben Baumwipfel erleuchtete, total romantisch sein. Sogar Berlin ist dann schön. Also, ein bisschen. Vor allem, wenn man schon drei Radler getrunken hat, im Parkcafé nachmittags, weil man freischaffender Künstler ist und Tageszeiten egal sind.

Natürlich wollten wir diesen goldenen Herbst auch im Garten erleben und fuhren am nächsten Tag gen Mecklenburg. Wir mussten zudem die Datsche winterfest machen. Das heißt: So gut wie möglich, alle Öffnungen schließen, damit nicht Marder oder Siebenschläfer in unseren Bungalow einzogen, während wir in unserer warmen Berliner Wohnung weilten. Die Fenster wollten wir ebenfalls ein wenig abdichten, damit es drinnen halbwegs trocken blieb und sich die Spinnen nicht zu wohl fühlten. Wir nahmen uns außerdem vor, wenigstens einmal im Monat nach dem Rechten zu sehen, aber ich stellte mir den Garten im Winter ein wenig deprimierend vor. Statt Grüntönen dominiert wahrscheinlich eher ein Braun, dazu der kühle Wind, der im Sommer schon manchmal so stark blies wie an der Ostseeküste. Regen, Frost, Schnee. Oder wie es mein Vater ausdrückte:

»Da oben, das ist doch schon fast Sibirien! Pass auf, dass dir da im Winter kein Zeh abfriert.«

»Du wirst ja auch so schnell krank, Sebastian«, sprang ihm meine besorgte Mutter bei. »Ich schick dir mal meine alte Fleecejacke.«

Doch so weit war es ja noch nicht, wir hofften weiterhin auf einen goldenen Herbst.

Als wir im Garten ankamen, bot sich uns aber ein Bild des Schreckens.

»Wo ist denn der Rasen hin?«, fragte ich.

»Da irgendwo unter den Blätterbergen«, sagte meine

Freundin und drückte mir einen Rechen in die Hand. Leider besaßen wir nur einen.

»Ist doch total entspannend, mal wieder ein wenig mit den Händen zu arbeiten«, rief sie mir zu und machte es sich im Liegestuhl bequem.

So eine herkömmliche Eiche lässt wirklich erstaunlich viele Blätter fallen. Und Eicheln. Sehr, sehr viele Eicheln. Von wegen romantisch. Die Eichhörnchen bei uns im Garten sind erstaunlich dick, sehen eher aus wie übergewichtige Marder und vergraben ihre Eicheln gar nicht mehr. Es sind einfach zu viele.

Im Tiergarten sorgen die Parkbediensteten für eine saubere Wiese. Da spielen die Blätter nicht romantisch im Wind, sondern werden mit dem Laubbläser weggepustet. Die Parkmitarbeiter fahren zudem deutlich schwereres Gerät auf als die normalen Straßenkehrer. Sie cruisen auf Laubbläserwagen durch den Park, die auf einen Schlag eine gesamte Wiese freipusten können, mit der ganzen Hundekacke darauf. Und den Dackeln. Und den an den Dackeln befestigten Herrchen und Frauchen.

Der Herbst vor meiner Zeit als Gartenbesitzer: in große Haufen Blätter springen wie ein wildes Kind. Dann von Laubbläsern plattgefahrene Tauben ins Gesicht geweht bekommen. Ist aber nicht so schlimm, wenn man vorher schon vier Radler im Café getrunken hat.

Ich sah meinen alten, angerosteten Rechen an. Ein Laubbläser für den Garten, vielleicht gar keine so schlechte Idee. Aber nicht mal Heinz ging so weit. Ich sah ihn hinter der Hecke ebenfalls stoisch mit dem Rechen seinen Rasen vom Laub befreien.

»Rechen ist gar nicht romantisch«, rief ich meiner Freundin zu. »Ich hab jetzt schon Muskelkater.«

»Bisschen Muskeln in den Oberarmen sieht doch gut aus, gerade in deinem fortgeschrittenen Alter«, kommentierte sie.

»Was ist das überhaupt für eine unpraktische Einrichtung der Natur, dass die Bäume die Blätter über drei Monate hinweg abwerfen?«, rief ich, als ich den nächsten Laubhaufen auf die Schubkarre lud. »Warum nicht alle an einem Tag? Das könnten Gott oder seine dafür verantwortlichen Sachbearbeiter ruhig mal optimieren.«

»Dürfen wir das Laub eigentlich auf den Haufen am See werfen?«, fragte meine Freundin.

»Schabratski meinte nicht. Weil es so raucht, wenn's feucht wird. Oder was weiß ich. Aber wohin sonst? Würden wir die ganzen Blätter im Garten stapeln, wäre der Laubberg höher als der Bungalow.« Ich zog die Fleecejacke aus, die mir meine Mutter schon geschickt hatte.

Leider ist es auch nicht »für immer«, dass die Blätter runterfallen, Herr Regener, da können Sie dichten, wie Sie wollen. Es würde tatsächlich wieder Frühling werden. Nichts hält ewig im Garten. Alles kehrt wieder. Außer vielleicht die verdorrten Blumen meiner Freundin vom vergangenen Sommer.

Es werden neue Blätter sprießen, die im nächsten Herbst auch wieder runterfallen würden. Und ich werde sie wieder aufrechen müssen. Jahreszeiten, die in der Stadt nur Kulisse sind, erfährt man im Garten am eigenen Leib. Die romantischen Dichter vergangener Jahrhunderte sehen gern von drinnen durchs Fenster auf die Landschaft. Da lässt sich natürlich gut vergessen, dass jemand auch den ganzen Dreck wegmachen muss, während man in der warmen Stube sitzt und ein Gedicht über eine holde Maid mit einer blauen Blume im Haar schreibt.

»Bisschen was kann man doch liegen lassen, eine Laubdecke auf dem Rasen soll ja gut sein für den Winter. Hab ich kürzlich in so einem Gartenbuch gelesen«, log ich meine Freundin an. Den Rasen winterfest machen. Ich hatte wirklich keine Lust mehr und setzte mich zu ihr aufs Holzdeck. Plötzlich kam ein Windstoß. Etwa eine Tonne Blätter rieselte auf den halbwegs sauber gerechten Rasen.

Ich hielt meiner Freundin den Rechen hin. Sie winkte ab. »Das ist eben der Lauf der Natur«, sagte sie, als erneut ein Windstoß durch den Baumwipfel fuhr. »Da sollte man nicht eingreifen.«

Wir betrachteten die fallenden Blätter. Sie fielen zu Boden wie die Träume von der fertig ausgebauten Datsche. Doch der Himmel leuchtete blau, und die Baumwipfel glitzerten rotbraun wie Kastanienaugen – und ich hielt den Atem an.

Warum klang es, wenn *ich* mich an Lyrik versuchte, sofort wie ein Schlager von Helene Fischer?

Mir fiel noch ein anderes Lied von Element of Crime ein, das gut zu unserem Garten passt. Wahrscheinlich sogar zu Kleingärtnern allgemein, dachte ich, als ich ein fettes Eichhörnchen beobachtete, das sich behäbig von Ast zu Ast schwang: »Wo die Neurosen wuchern, will ich Landschaftsgärtner sein.«

Zwei Bäume

Der Baum war dann doch ziemlich schnell umgefallen.

Igor, Heinz, meine Freundin und ich standen an den vier Enden des Gartens und betrachteten die Tanne, wie sie nun auf dem Rasen vor dem Bungalow lag. So groß war sie wirklich nicht.

Igor rief »Yeah« und winkte mit der »kleinen« Kettensäge, meine Freundin klatschte, und Heinz sagte: »Dit war dit. Hätte ooch ins Auge gehen können. Aber dit Dach ist ja eh schon kaputt. Sollte man eh mal allet neu machen. Gerade jetzt vor dem Winter.«

Ich setzte mich auf den Boden. Wir hatten wirklich die Tanne gefällt. Ganz in echt. Wie alles hier ganz in echt geschehen war. Ich ließ alles Erlebte nochmal Revue passieren: Wir hatten den Bungalow gestrichen, außen wie innen, jedenfalls an der Vorderseite und in einem der beiden Zimmer. Handwerker hatten ganze Arbeit geleistet und alles neu gemacht: Stromleitungen, Betonboden und Rohre. Die Grube war entleert worden und das Land vermessen. Wir hatten den Garten gezähmt, Unkraut-Bäume ausgerissen, Beeren gepflückt, Gemüse angebaut und Blumen gepflanzt, manche lebten sogar im Oktober noch. Ich hatte den Rasen gemäht und die Hecke geschnitten, beides mehr als einmal. Trotzdem war kein spießiger Garten daraus geworden, allerdings auch kein sozialistischer. Wir hatten Tiere beobachtet, waren im See schwimmen gewesen, hatten mit Heinz Obstler getrunken und Schnecken umgesiedelt. Ich war kurz verrückt geworden.

Wir hatten uns nicht getrennt.

Vieles hatte auch nicht geklappt. Daran wollte ich aber jetzt nicht denken.

Die Tanne lag gefällt im Garten. Igor machte sich – unter Anleitung von Heinz – daran, den Stamm der Tanne mit der Kettensäge zu zerkleinern. Das Geräusch erinnerte mich an einen Presslufthammer. Meine Freundin knipste die Äste ab. Ich saß immer noch im Gras zwischen den gefallenen Blättern und beobachtete einen der letzten Admirale. Er setzte sich auf meine weißen Turnschuhe und sonnte sich. Die Welt war heute nicht untergegangen. Und morgen würde sie aller Voraussicht nach auch noch existieren.

Das ist Natur, dachte ich stumpf. Also: unsere Natur, nach unseren Vorstellungen. Ein Garten, den wir bewirtschaften, unser kleines Stück Land. Meinem inneren Peter Lustig ging es gar nicht gut.

Ich mag doch Bäume. Und jetzt hatten wir einen gefällt.

Wenn ich mir einen Baum vorstelle, dann sehe ich vor meinem inneren Auge die Magnolie im Garten meiner Eltern. Manchmal poppt in meinem Gehirn auch ein Bild von einem großen, knorrigen Baum auf, der einsam mitten auf einem Feld steht. Im Gegensatz zur Magnolie existiert dieser Baum in Wirklichkeit nicht. Es muss sich um irgendein Bild handeln, das ich mal gesehen habe, ein Foto oder ein Gemälde. Wahrscheinlich im Internet. Meine so genannten Erinnerungen sind auch nicht mehr das, was sie mal waren. Immer häufiger schleichen sich Bilder ein, die ich nicht in der Realität mit meinem Gedächtnis-Fotoapparat aufgenommen habe, sondern mir durch meinen, dem 21. Jahrhundert angemessenen (also viel zu ausufernden) Medienkonsum ins Gehirn eingebrannt werden. Doch was bedeutet das schon: »Realität«? Das Gegenteil von »Virtualität« eben. Aber ist das Virtuelle nicht inzwischen allgegenwärtig – und deswegen genauso real wie die Realität selbst? Das hier soll kein Philosophieseminar zur Postmoderne sein – auch wenn das ständige Rumhängen im virtuellen Internet wahrscheinlich ein Grund ist, warum wir uns diesen sehr realen Garten zugelegt haben. Rasenmähen und den Bungalow flicken muss man schließlich ganz real. Das geht nicht mit ein paar Klicks, so wie früher bei diesem Facebook-Spiel »Farmville«.

Bäume hatten mich jedenfalls schon immer fasziniert. Als Kind vor allem, weil man so gut auf sie klettern und dann auf alles herabschauen konnte, sogar auf die großen Erwachsenen. Im Garten meiner Eltern stand nicht nur die Magnolie, sondern es gab noch ziemlich viele andere Bäume, die sie im Frühling und Sommer nervten, weil sie die Sonnenstrahlen nicht durchließen, und ihnen im Herbst Kopfschmerzen verursachten, weil sie so viel Blätter abwarfen. Irgendein Vorbesitzer des Hauses, in dem meine Eltern zur Miete wohnten, hatte es gut mit dem Bäumepflanzen gemeint. Im Winter wirkten die Gerippe der Laubbäume leblos, und man konnte sich kaum vorstellen, dass sie in ein paar Monaten wieder Blätter tragen würden. Die Tannen rauschten im Wind und häuften erstaunlich hohe Schneeberge auf ihren Ästen an. Ich mochte, wie gesagt, die Bäume. Auch die Weißtanne, die schließlich einem großen Sturm namens Lothar zum Opfer fiel, die zwei riesigen Pappeln und der seltsame, irgendwie tropisch aussehende Baum mit den großen, pelzigen Blättern. Leider fällte mein Vater dann immer mal wieder einen der Bäume. Trotzdem blieben noch genug übrig. Im Prinzip war unser Garten die Verlängerung des Waldes, der auf der anderen Straßenseite beginnt und den schönen Namen Sternwald trägt. Als Kind durchstreifte ich ihn an der Hand meines Vaters, später spielte ich dort mit meinen Freunden Räuber und Gendarm. Noch später fuhr ich durch den Wald zum einzigen guten Club in Freiburg, der Waldsee heißt und natürlich an einem See im Wald liegt. Der Sternwald schlängelt sich die Hügel am Rand Freiburgs hinauf und wird irgendwann übergangslos zum Schwarzwald. Die romantische deutsche Waldliebe wurde mir praktisch in die Wiege gelegt. Der Wald wuchs um meine behütete Kindheit herum.

Und nun hatte ich einen Baum gefällt. Einen, der mir gehört. Aber was heißt das schon? Mir gehört das Land, auf dem der Baum steht. Deswegen besitze ich ja nicht gleich den Baum. Ein Mieter gehört ja auch nicht dem Vermieter des Hauses. Allerdings kann ein Baum nicht einfach umziehen, wenn ihm wegen Eigenbedarfs der Mietvertrag gekündigt wird.

Bäume bedeuten für mich Zeit. Ähnlich wie Knausgårds Schmetterlinge. Alles, was älter ist als ich, bedeutet Zeit. Auch bei alten Gebäuden denke ich daran, dass noch nicht mal mein Opa gelebt hatte, als sie errichtet worden waren. Und jetzt wohne ich darin. Starre auf dieselben Wände, gehe durch dieselben Türen wie Vormieter, die schon lange nicht mehr leben. Das Vergehen der Zeit offenbart sich im noch nicht Vergangenen.

»Hilfst du uns vielleicht auch mal?« Meine Freundin stand neben mir. Igor und Heinz verluden die Holzscheite auf Schubkarren und fuhren sie zu Heinz, der damit seinen Ofen im Winter heizen wollte.

Wir gingen zum Auto. Im Kofferraum lagerte ein kleiner Apfelbaum, den wir heute Morgen im Gartencenter gekauft hatten. Wir trugen ihn in den Garten und begannen ein großes Loch zu graben. Das dauerte ganz schön lange, und wir kamen ziemlich ins Schwitzen. Schließlich setzten wir den Apfelbaum in das Loch, gaben etwas teure Pflanzenerde aus dem Baumarkt dazu und schütteten es wieder zu. Darüber legten wir Rindenmulch, der seltsamerweise nach Salami roch, und stützten den dünnen Stamm mit einem Stock ab. Der Baum sah irgendwie verletzlich aus, gleichzeitig auch ein wenig stolz, wie er da mit seinen wenigen Blättern aus dem Loch ragte, als wäre es das Natürlichste der Welt. Was es ja war. Ein bisschen erinnerte der dürre Apfelbaum an einen Teenager, der in der Pubertät plötzlich einen Wachstumsschub bekommen hatte und nun etwas unproportioniert aussieht, zu dünn und zu groß, die Glieder am Körper schlackernd.

Mal sehen, ob der Baum den Winter hier oben im Norden überleben würde, die Stürme, den Frost, die Dunkelheit, eben die Monate, die wir in Berlin verbringen, den Garten vielleicht sogar ein wenig vergessen, gar nicht mehr an den dürren Baum denken würden.

Ich sah mich noch einmal im Garten um, der jetzt ohne Tanne ein wenig heller wirkte, weniger zugewachsen, vielleicht auch – ja – aufgeräumter.

Ein neuer Baum für einen alten. Damit konnte ich leben. Es begann etwas Neues.

Epilog

Die DDR der Jahreszeiten

*Ein dicker Mann mit gelbem Helm auf dem Kopf steht auf
der Baustelle hinter unserem Haus. Er holt einen Presslufthammer hinter seinem Rücken hervor und beginnt den Boden
aufzupresslufthammern.*
LAUT. LAUT. LAUT.

Ich wachte auf und sah auf die Uhr. Zu früh, viel zu früh.
Ich beschloss, in den Garten zu fahren. Eigentlich war es
schon zu kalt, aber ich hatte trotzdem Lust.

Auf der Baustelle hinter unserem Haus in Berlin hämmerten und sägten und stampften und schrien die Bauarbeiter immer noch gegen die Immobilienkrise an. Unzählige neue Häuser müssen gebaut werden, damit die ganzen
Leute, die nach Berlin ziehen, ihre Wohnungen bekommen. Eigentlich vernünftig. Allerdings schien die Immobilienfirma, die die Häuser baute, davon überzeugt, dass
ausschließlich Millionäre nach Berlin kommen. Denn sie
baute Luxuseigentumswohnungen. Das verkündete die
riesige Plakatwand an der Straße vor der Baustelle.

Die ehemals sozialdemokratische Solzialdemokratische
Partei Deutschlands, die, seit ich nach Berlin gezogen war,

immer den regierenden Bürgermeister gestellt hatte, findet das scheinbar okay. Oder sogar noch mehr. Sie will das so. Sie mag Luxuswohnungen überall, obwohl die Leute in diesen Wohnungen wahrscheinlich nicht zu ihren Wählern zählen. Vielleicht besitzen die ganzen mächtigen ehemaligen Sozialdemokraten auch Datschen im Berliner Umland, und ihnen ist einfach egal, was in ihrer Stadt passiert. Fahren jeden Freitagnachmittag raus in den Garten und züchten rote Nelken oder Rosen, die sie einfach nur noch schön finden und in ihnen kein Symbol sehen für eine gerechtere Welt.

Die Häuser wuchsen erstaunlich schnell Stockwerk um Stockwerk. Diesen Sommer hatten sie bestimmt drei Etagen gebaut hinter unserem Haus. Sechs sollten es angeblich werden. Die Sonne kam jetzt im Herbst kaum noch über den betongrauen Rohbau, erleuchtete nur noch kurz unsere Wohnung. Bald würde sie ganz verschwinden.

Ich fuhr allein in den Garten. Meine Freundin konnte sich nicht freinehmen – ich hatte gerade keine Auftritte, und das Wetter war für Spätherbst eigentlich sehr schön. Das Beste: Ich musste nicht arbeiten. Außer vielleicht etwas Laubrechen.

Ich konnte chillen.

Als ich im Garten ankam – die Verkehrslage war auch relativ normal gewesen, und ich hatte mindestens 17 Rehe gesehen –, erwarteten mich noch ein paar Stunden Sonnenlicht. Niemand sonst schien in seinem Garten zu sein, selbst Heinz nicht. Es war komplett still, kein Mähdrescher, kein Rasenmäher, keine Heckenschere, keine Hunde zu hören. Nur Vogelgezwitscher und der Wind in den Bäumen. Hin und wieder knallte eine Eichel auf den Rasen, der wieder völlig bedeckt war mit Blättern. Egal, dachte ich. Als ich nach oben zum blassblauen Himmel sah, traf mich eine Eichel auf der Stirn.

»Ey!«, rief ich. »Pass doch auf!«

Niemand hörte mich – und das machte mich irgendwie zufrieden. Ich setzte mich auf das Holzdeck und sah zum See. Immer noch fand ich es seltsam, dass die Tanne verschwunden war.

Die Baustellen in Berlin schienen unendlich weit weg. Die ehemaligen Sozialdemokraten spuckten nur noch als seelenlose Gespenster ganz hinten in meinem Kopf herum. Bei uns im Garten wuchsen keine Rosen und keine Nelken. Nur der Apfelbaum.

Die Sonne verschwand kurz hinter einer Wolke, es wurde merklich kühler, obwohl ich schon die Winterjacke trug, dann tauchte sie wieder auf. Sie war da und gleichzeitig auch weg. Schatten und Licht auf dem dunkelgrünen Rasen vor mir.

Ich war zugleich traurig und fröhlich, angespannt und gelassen, müde und wach.

Byung-Chul Han schreibt in *Lob der Erde*: »Immer wieder versuche ich mich in jene seltsame Gartenstimmung zu versetzen. Sie ist die Grundstimmung, die meinen Garten beherrscht und diesem Gartenbuch zugrunde liegt. Sie be*stimmt* es. Selbst mitten im Frühling und Sommer klingt sie nicht ab.«[27]

Die Grundstimmung, die er meint, heißt Melancholie.

Die Blume zu dieser Stimmung ist für Han die Herbstzeitlose. Ihre Blüte »ordnet sich nicht der Zeit unter«, sie blüht auf, wenn es kälter wird, der Winter sich ankündigt. »Sie ist wohl die metaphysische Blume. Ihre Zeitlosigkeit lässt eine Transzendenz aufscheinen. Die Herbstzeitlose verleiht dem Garten eine besondere Melancholie.«[28]

Ich hievte mich aus dem Liegestuhl und ging hinters Haus, wo nur der alte Schuppen stand und unser Komposthaufen, ansonsten hatten wir hier noch nicht viel geschafft. Sah man ja nicht, wenn man auf dem Holzdeck saß, konnte man also gut ausblenden. Da eine riesige uralte Linde diesen Teil des Gartens überdeckte, war es hier auch im Hochsommer ziemlich schattig. Es wuchs kaum Gras, und unser Vorbesitzer hatte einen kleinen, jetzt ziemlich verrotteten Steinweg angelegt. Ich wollte den Rechen aus dem Schuppen holen, da sah ich plötzlich lila Punkte zwischen dem schmucklosen Braun der Erde aufscheinen.

Sie wirkten unecht, als würden sie einer anderen Welt angehören, einer bunteren, fröhlicheren, in der auch im Herbst noch Blumen blühten, einfach weil sie es konnten. Die Herbstzeitlose. Niemand hatte sie gepflanzt, sie wuchs einfach, an der unmöglichsten und unscheinbarsten und irgendwie auch hässlichsten Stelle des Gartens. Ich dachte an den Frühling, an unseren ersten Besuch im Garten, als gerade die Schneeglöckchen und Krokusse sprossen, an die ganze Arbeit im Sommer, die verdorrten und verdursteten Blumen – und jetzt, kurz vor dem Winter, blühte es unverhofft noch einmal. Das machte mich wirklich gleichzeitig glücklich, diese letzten Farbtupfen zu sehen, als auch traurig, weil nun die Dunkelheit kam, der Schnee, die eisige Kälte. Die »gartenlose« Zeit. Trotzdem zeigte die Herbstzeitlose an, dass es weitergehen würde im Garten, im zweiten Frühling nächstes Jahr.

Was ich gerade verschwiegen habe, da es die Romantik etwas schmälert: Natürlich konnte ich die Herbstzeitlose nicht sofort als Herbstzeitlose identifizieren. Schließlich wusste ich überhaupt nicht, wie sie aussieht. »Krokusse im Herbst« hatte mir als Identifikation wahrscheinlich jahrelang genügt. Aber es gibt ja diese App, »Blumen identifizieren für Stadtkinder«. Sie heißt nicht so, aber das ist ihre Funktion.

Der Garten als Ort der Melancholie. Wahrscheinlich ist es offensichtlich: Das Werden und Vergehen – wo kann man es besser beobachten als in der Natur, im Wechsel der Jahreszeiten? Und der Kleingarten ist eben mein persönlicher Abschnitt Natur. Was im Mai so schön wächst und blüht, geht im Oktober langsam ein, verschwindet und wird letztlich zu Erde. Leider nicht bei unserem Kompost, wir hätten da nicht so viel Äste draufwerfen sollen. So schnell vergeht die Natur dann eben doch nicht.

Eigentlich ist die Melancholie eine schöne Stimmung. Man macht sich Sachen bewusst, die man im Alltag gar nicht wahrnimmt. Kleine Dinge: der Himmel mit seinen absurd geformten Wolken, die laue Abendluft, unscheinbare Blumen, die an unmöglichsten Orten wachsen. Wie die Melancholie schärft der Garten die Sinne und den Blick aufs Wesentliche, das unscheinbar und klein sein kann – so klein wie ein Kleingarten.

Ich ging wieder zurück in den vorderen Teil des Gartens und weiter zum See. Am Ufer stand ein alter Apfelbaum. »Gehört niemandem, könnta ernten, wenn ihr wollt«, hatte Heinz gesagt. »Ick hab genug eigene Äpfel bei mir im Garten. Eimerweise sammle ich die jeden Herbst ein. Ick kann keine Äpfel mehr sehen. Ab Oktober nur noch Apfelsaft und Apfelkompott und Apfelkuchen und Bratapfel. Meine Frau macht sogar Apfellikör. Wenn ick eine Banane sehe, kriege ich Glücksgefühle. Der Herbst is die DDR der Jahreszeiten.«

Auch die anderen Gartenbesitzer besaßen wohl ihre eigenen Apfelbäume, jedenfalls interessierte sich niemand für die blassroten Früchte, die an den dürren Ästen hingen.

Der Baum hatte den ganzen Sommer über fast tot ausgesehen. Wie krumme und knorrige Hexenfinger hatten seine Äste in den Himmel gezeigt. Vereinzelt ein braunes Blatt. Und plötzlich hing er voll mit Äpfeln. Hunderte.

Ende August hatte ich einen der kleinen grünen Äpfel vom Stamm gezupft. Natürlich schmeckte er noch ziemlich sauer. »Aber sauer macht lustig«, hatte meine Mutter immer gesagt. Ich lachte kurz – und begann wieder missmutig, in der Datsche zu schuften.

Die Früchte wurden von Tag zu Tag größer und gelber, schließlich färbten sie sich orange, teilweise rötlich. Und schmeckten wirklich sehr gut. Ein Apfel von diesem Baum hatte etwa so viel mit einem Apfel vom Supermarkt zu tun wie ein Beck's mit einem echten Bier.

Jahrelang hatte ich keine Äpfel gemocht. Apfelschorle war okay, aber einen echten Apfel aß ich so gut wie nie. Doch plötzlich, vor vielleicht drei Jahren, änderte sich das. Sowas passiert mir manchmal: Total lange lehne ich etwas ab – und von einem Tag auf den anderen mag ich es plötzlich. Andere Beispiele: Bier (ab 15 Jahren), Oliven (ab 18), romantische Komödien mit Hugh Grant (ab 30).

Und selbstverständlich: Garten (0-15, dann wieder ab 35).

Ich mag den Apfelbaum. Ich mag, dass ein ärmlich aussehender Baum so viele, so große und so leckere Früchte hervorbringen kann. Selbstverständlich blühen Apfelbäume sehr schön, jedoch nur recht kurz. Sonst gehören sie zu den unscheinbaren Bäumen. Ganz anders als die arroganten Eichen, die das ganze Jahr so groß und mächtig tun – und dann bringen sie nur so kleine dumme Eicheln hervor. Wundert mich nicht, dass die Eiche der »deutsche« Baum schlechthin sein soll.

Ich stellte mir vor, dass unser kleiner, schmächtiger Apfelbaum im Garten in 20 oder 30 Jahren auch so aussehen würde. Die Zeit dehnte sich plötzlich aus, und ich konnte mir vorstellen, auch noch in so vielen Jahren im Garten zu sitzen. Wie würde er dann aussehen?

Eigentlich kann ich mir inzwischen gar nicht mehr vorstellen, keinen Garten zu besitzen. Anscheinend bin ich im Laufe des Jahres doch zum überzeugten Kleingärtner geworden. Oder wie Byung-Chul Han es ein bisschen romantischer ausdrückt: »Ich erhole mich im Garten von der Mühsal des Lebens.«[29] Ich würde es vielleicht ein wenig umdeuten: Die schöneren Mühsale des Gartens lenken mich von allen anderen Mühsalen ab. Mühsal ist übrigens ein gutes Wort. Noch profaner könne ich auch sagen, dass ich mich inzwischen im Garten doch ziemlich gut entspannen und die Probleme der Stadt ein wenig vergessen kann.

Ich pflückte einen Apfel und aß ihn gleich, unter dem Baum am Ufer stehend. Die Sonne verschwand langsam. Recht unspektakulär, wie sie hier meistens unterging. Der Himmel verfärbte sich nur ein wenig apfelfarben. Ich pflückte noch mehr Äpfel und steckte sie in alle verfügbaren Taschen an Hose, Jacke und Pullover. Dann schlenderte ich zurück zum Garten. Der erste Eulenschrei kündigte den Abend an.

Vielleicht ist der Garten ein Zwischenort. Genauso wie die Melancholie, die zwischen Traurigkeit und Schönheit changiert. Ich bin nicht ganz da im Garten – Berlin und der Stress warten immer im Hinterkopf. Doch manchmal bin ich doch bei mir, wie selten sonst. Oder wie Heinz es einmal gesagt hat: »Die Stadt is die Stadt. Und der Garten is der Garten. Dit ist einfach so. Und nich anders.«

Zitatabdruck

S. 7:
Theodor W. Adorno: *Minima Moralia*. Suhrkamp Verlag:
Frankfurt a. M. 1950
Abdruck mit freundlicher Genehmigung des Suhrkamp
Verlags AG.

S. 7:
Bilderbuch: *Bungalow*. In: *Magic Life*. Berlin 2017
Abdruck mit freundlicher Genehmigung von Maschin
Records.

Anmerkungen

1 Vgl. Kleingärten im Wandel. Innovationen für verdichtete Räume. Herausgegeben vom Bundesinstitut für Bau-, Stadt- und Raumordnung. Bonn 2018: https://www.bbsr.bund.de/BBSR/DE/forschung/programme/refo/staedtebau/2017/kleingaerten/03-ergebnisse.html

2 Peter Handke: Die Obstdiebin oder Einfache Fahrt ins Landesinnere. Suhrkamp: Berlin 2017, S. 481.

3 Lola Randl: Der Große Garten. Matthes & Seitz: Berlin 2019, S. 10.

4 Byung-Chul Han: Lob der Erde. Eine Reise in den Garten. Ullstein: Berlin 2018, S. 74.

5 Ebd., S. 74 f.

6 https://de.wikipedia.org/wiki/Datsche#:~:text=)%20ist%20ein%20Grundst%C3%BCck%20mit%20einem,den%20gesamtdeutschen%20Sprachgebrauch%20eingegangen%20sind.

7 Marina Rumjanzewa: Auf der Datscha. Eine kleine Kulturgeschichte. Suhrkamp: Berlin 2017

8 Kleingärten im Wandel. Innovationen für verdichtete Räume. Herausgegeben vom Bundesinstitut für Bau-, Stadt- und Raumordnung. Bonn 2018. https://www.bbsr.bund.de/BBSR/DE/forschung/programme/refo/staedtebau/2017/kleingaerten/03-ergebnisse.html

9 Michael Pollan: Meine zweite Natur. Vom Glück, ein Gärtner zu sein. oekom: München 2014, S. 144.

10 Ebd., S. 148.

11 Ebd., S. 154.

12 Ebd., S. 155.

13 Ebd., S. 160.

14 Ebd., S. 161.

15 Vgl. ebd., S. 163.

16 Vgl. ebd., S. 169.

17 Ebd., S. 169.

18 Vgl. Ludwig Wittgenstein: Tractatus logico-philosophicus. Werkausgabe, Band 1. Suhrkamp: Frankfurt a.M. 1984

19 Vgl. Heinz: Traktoren fahren und andere philosophische Weisheiten über den Garten. Selbstverlag 1991 (leider vergriffen)

20 Ebd., S. 876.

21 https://www.chip.de/artikel/Netzabdeckung-2020-Das-beste-Handynetz-Deutschlands_176646611.html

22 Vgl. Sebastian Lehmann: Mit deinem Bruder hatten wir ja Glück. Telefonate mit meinen Eltern. Goldmann: München 2018

23 Tatsächlich heben mittlerweile die Flugzeuge endlich vom neuen Berliner Flughafen ab. Aber der Punkt, um den es geht, hat sich nicht geändert: Nichts wird rechtzeitig fertig.

24 Karl Ove Knausgård: Im Sommer. Luchterhand: München 2018, S. 454.

25 Ebd., S. 455 f.

26 Ebd., S. 484.

27 Byung-Chul Han: Lob der Erde. Eine Reise in den Garten. Ullstein: Berlin 2018, S. 79.

28 Ebd., S. 78 f.

29 Ebd., S. 68.

Unsere Leseempfehlung

192 Seiten
Auch als E-Book
erhältlich

Was hat uns bloß so ruiniert? Die Party ist vorbei, und langsam merken wir: Früher war doch alles einfacher. Hauptsache, man hatte den perfekten Iro und verwechselte im kommunistischen Lesezirkel Karl Marx nicht mit Karl May.

Auch Sebastian war mal jung. Er war Punker und Poet, Grufti und Gangsta-Rapper. In kurzen, komischen Texten nimmt er uns mit auf einen Streifzug durch die Welt unserer liebsten Jugendkulturen. Wenn jetzt das Leben mal wieder zu erwachsen ist – diese Compilation ist die beste Maßnahme dagegen!

Um die ganze Welt des
GOLDMANN-*Sachbuch*-Programms
kennenzulernen, besuchen Sie uns doch
im Internet unter:

www.goldmann-verlag.de

Dort können Sie
nach weiteren interessanten Büchern *stöbern*,
Näheres über unsere *Autoren* erfahren,
in *Leseproben* blättern, alle *Termine* zu Lesungen und
Events finden und den *Newsletter* mit interessanten
Neuigkeiten, Gewinnspielen etc. abonnieren.

Ein *Gesamtverzeichnis* aller Goldmann Bücher finden
Sie dort ebenfalls.

Sehen Sie sich auch unsere *Videos* auf YouTube an und
werden Sie ein *Facebook*-Fan des Goldmann Verlags!

www.goldmann-verlag.de
www.facebook.com/goldmannverlag

GOLDMANN
Lesen erleben